AF537609

IMPRESSUM

Math. Lempertz GmbH
Hauptstraße 354
53639 Königswinter
Tel.: 02223 / 90 00 36
Fax: 02223 / 90 00 38
info@edition-lempertz.de
www.edition-lempertz.de

Dieses Kochbuch wurde nach bestem Wissen und Gewissen verfasst. Weder der Verlag noch der Autor tragen die Verantwortung für ungewollte Reaktionen oder Beeinträchtigungen, die aus der Verarbeitung der Zutaten entstehen.
Der Markenname „Thermomix" ist rechtlich geschützt und wird nur als Bestandteil der Rezepte verwendet. Für Schäden, die bei der Zubereitung der Gerichte an Personen oder Küchengeräten entstehen, wird keine Haftung übernommen.
Bitte beachte die Anwendungshinweise der Gebrauchsanweisung deines Thermomixgerätes.

www.facebook.com/MIXtippRezepte

Titelbild: Fotolia
Lektorat: Carmen Martin, Sarah Petrovic
Layout/Satz: Kerstin Pfeiffer
Gesamtherstellung: CPI

ISBN: 978-3-945152-18-8

Fotonachweis
© Fotolia: alho007, lilecka75, Michael Ebardt, Jérôme Rommé, A-Lein, Melima, zi3000, dorness, Richard Villalon, viky87, Marina Lohrbach, emmi, fredograf, farbled_01, Andre Bonn, vchalup, Barbara Phebry, tunedin, wsf-f, HLPhoto, tawanlubfah, thingamajiggs, gpointstudio, JS, Esther Hildebrandt, Alice_D, Edenwithin, Carmen Steiner, Doris Heinrichs
© Shutterstock: Marcel Jancovic, ISchmidt, Rawpixel.com, Seeme, kinboris, 7ynp100, De Visu, Volt Collection, EasterBunny

Herausgegeben von **mixtipp** Antje Watermann

Lieblings KUCHEN

KOCHEN MIT DEM THERMOMIX®

LEMPERTZ

INHALT

BISKUIT

HEFETEIG

KEKSKRÜMELTEIG UND BODENLOSE VERSUCHUNG

Backe, backe Kuchen,
Team MIXtipp hat gerufen.
Wer will guten Kuchen mixen,
der braucht gar nicht viel zu tricksen,
Füllung und Teig,
Eier – I like!
Marzipan-Style,
Sahne macht den Kuchen geil!
Schieb, schieb in den Mixtopf rein.
Harrods

Liebe Thermomixfreunde,

kein Kuchen ist auch keine Lösung! Krempel die Ärmel hoch, schalte den Thermomix ein, heiz den Backofen an: Die Zeit ist gekommen, per Thermomix ins Land der schönsten Backkreationen zu reisen!

Unsere Expertin Anna Lehmacher hat mit ihren Kreationen die Backleidenschaft in uns noch zusätzlich entfacht. Wir durften mit ihr die abwechslungsreichsten Kuchenrezepte genießen und alles von der Eierschecke über den Walnuss-Gugelhupf bis hin zur Schwarzwälder Kirschtorte durchprobieren. Von jedem ihrer Backwerke waren wir so begeistert, dass wir sie allesamt in diesem Buch vorstellen möchten. Und damit alle Kuchen gelingen, hat euch Anna zu jedem Teig ihre ultimativen Tipps und Tricks verraten. Wir versichern euch: Hier brennt nichts an!

Lass dich von unserer Rezeptsammlung verzaubern, probiere dich an schmackhaften Füllungen und scheue dich nicht, Neues auszuprobieren! Unser bester Küchenfreund, der Thermomix, übernimmt für dich die aufwendige Arbeit des Rührens, Knetens und Unterhebens.

Wir wünschen dir viel Freude beim Backen und Genießen deiner Lieblingskuchen! Gönn dir ein Stück und hab kein schlechtes Gewissen – irgendjemand auf der Welt hat bestimmt heute Geburtstag!

Antje Watermann

Herausgeberin, Edition Lempertz

Meine LIEBLINGSKUCHEN

Stell dir einen Geburtstag, eine Betriebsfeier, eine Gartenparty oder den klassischen Nachmittagskaffee ohne Kuchen vor – möglich? Ja, aber sinnlos. Machen wir uns nichts vor: Wir haben uns an die unzähligen Versuchungen auf dem Kuchenbüffet gewöhnt. Ja, wir sind geradezu süchtig nach Kuchen!
An jedem Backwerk kann man erkennen, ob ein Anfänger oder ein Fortgeschrittener am Werke war. Dies liegt an unterschiedlichen Faktoren: Struktur des Bodens, Würze der Füllung oder die Feinabstimmung des Kuchens im Allgemeinen. Keine Angst, all dies kann man lernen – allein Übung macht den Meister! Was ich dir mit auf den Weg geben möchte, ehe du dich an deine Lieblingskuchen wagst, sind die unentbehrlichen Attribute für ein wunderbares Backwerk: Wissen, Fingerfertigkeit, Präzision, innere Ruhe und vor allem Liebe. Du wirst sehen: Wer sich vor der Zubereitung mit den Produkten und den Arbeitsschritten ausreichend beschäftigt, erntet fast immer Lob und Anerkennung für sein Endergebnis!

DIE GESCHICHTE DER SÜSSEN VERSUCHUNG

„Wenn sie kein Brot haben, dann sollen sie doch Kuchen essen!" Gerüchten zufolge wird dieser Ausspruch Marie Antoinette zugeschrieben, der zu einem Zündstoff der französischen Revolution 1789 wurde. Der Ausruf zeigt deutlich, wie fern die Nöte des hungernden Volkes dem Adel waren. Denn bis ins 18. Jahrhundert hinein konnte sich allein die Oberschicht Kuchen leisten – wie Honig, Trockenfrüchte und insbesondere Zucker galten Torten und süßes Gebäck als Synonym für Luxus. Ursprünglich gelangte Zucker durch die Kreuzzüge nach Europa, wo er zunächst als Heilmittel betrachtet und zu süßen Arzneien verarbeitet wurde. Doch bald entdeckte der Adel den Zucker und setzte ihn, wie auch exotische Gewürze, als Statussymbol für seinen Reichtum ein.
Ab dem 18. Jahrhundert wurde Zucker aufgrund des Kolonialismus' populärer und als Nahrungsmittel auch für Nichtadlige er-

schwinglich. Ferner entwickelte der Wissenschaftler Franz Carl Achard eine Technik, mit der man aus Rüben Zucker gewinnen konnte. In Schlesien baute man die erste Rübenzuckerfabrik, die den Zuckerbedarf Europas fürs Erste sicherte.
Infolgedessen florierte die Handwerkskunst der Konditoren ab dem 19. Jahrhundert, und viele der noch heute populären Tortenträume entstanden zu dieser Zeit. Vor allem die Kreationen von Konditoren der K.u.k.-Monarchie erfreuten sich größter Beliebtheit – man denke beispielsweise an die Sacher- oder Dobostorte.
Auch in den bürgerlichen Haushalten kristallisierte sich nun ein neues Backverhalten heraus. Die wenigsten Haushalte hatten bisher einen eigenen Ofen besessen, doch das änderte sich nun. Das berühmte *Praktische Kochbuch* von Henriette Davidis, erschienen 1844, enthält bereits ein Kapitel über Backwerk. Die Angaben zum Backpulver fehlen hier allerdings noch, da dieses erst in den 1850er Jahren erfunden wurde und – erstaunlich, aber wahr – wirkliche Berühmtheit erst 40 Jahre später erlangte, als der Apotheker August Oetker es erstmalig in der zum Backen benötigten Menge dosierte.
Im 20. Jahrhundert musste das Bürgertum während der beiden Weltkriege seinen Gebäckkonsum einschränken und umstellen: Margarine wurde beispielsweise durch Butter ersetzt, Mehl gar mit Sägespänen gestreckt! Auf entbehrungsreiche Zeiten folgten dann jedoch die konsum- und fresswütigen Jahre der Nachkriegszeit. Meine Großmutter berichtet mir gern davon, dass viele Leute zur ohnehin üppigen Sahnetorte noch einen ordentlichen Schlag Sahne genossen.
Wir Deutschen sind zwar seit jeher ein Land der Brotesser, doch auch unsere Kuchen- und Tortentradition – die Schwarzwälder Kirschtorte ist nur eine von vielen – ist international ein Begriff.
Im Folgenden stelle ich euch die wichtigsten Teigarten vor.

RÜHRTEIG:

Der Rührteig ist besonders gut für Anfänger geeignet – hier kann fast nichts schiefgehen! Grundsätzlich besteht der Rührteig aus Butter, Zucker, Ei und Mehl. Als Backtriebmittel wird meist Backpulver verwendet. Wichtig ist vor allem, dass alle Zutaten Zimmertemperatur haben, damit sie sich gut verbinden und die Masse nicht gerinnt. Wie der Name schon andeutet, ist beim Rührteig das Rühren das A und O: Je mehr man rührt, desto fluffiger und lockerer wird der Teig. Solltest du das Mehl zum Schluss unter die Mischung geben, denke daran, nicht mehr zu lange zu rühren – sonst wird der Teig schwer und klebrig. Einen besonders lockeren Rührteig bekommst du hingegen, wenn du die Eier zu Beginn trennst. Dann schlägt man das Eiweiß getrennt vom Eigelb steif und hebt es zum Schluss mithilfe eines Schneebesens vorsichtig unter die Masse.

MÜRBETEIG:

Der Name des Teiges ist Programm: Er muss mürbe (also knusprig) sein und gleichzeitig auf der Zunge zergehen. Diese Beschaffenheit erhält er durch den hohen Fettanteil.
Die Zutaten lassen sich ganz einfach in der „1,2,3"-Formel beschreiben: einen Teil Zucker, zwei Teile Butter und drei Teile Mehl. Ferner können dem Teig Ei und eine Prise Salz zugegeben werden. Aromen wie Zitronenschalenabrieb oder Vanille verleihen ihm einen würzigen Akzent.
Im Gegensatz zum Rührteig müssen alle verwendeten Produkte kalt sein, damit der Teig nicht zu weich wird. Nach der Verarbeitung benötigt er eine Ruhepause – für mindestens eine Stunde wandert er in den Kühlschrank. So kann sich der Zucker auflösen und der Teig entspannen.
Wenn das Rezept einen eher saftigen oder fruchtigen Belag vorsieht, empfiehlt es sich, den Mürbeteig blindzubacken. Bei diesem Vorgang stichst du den der Form angepassten Teig mehrmals mit einer Gabel ein (damit er sich nicht aufbläht), belegst ihn mit Backpapier und bedeckst ihn mit getrockneten Hülsenfrüchten. So weicht der Mürbeteig später weniger schnell durch.
Die Hülsenfrüchte (beispielsweise Erbsen) können getrost mehrfach verwendet werden!
Mürbeteig eignet sich hervorragend für eine längere Aufbewahrung: Ein frischer Mürbeteig kann bis zu einer Woche im Kühlschrank oder drei Monate im Tiefkühlschrank gelagert werden. Auch gebackene Mürbeteigböden lassen sich gut einfrieren.

BISKUIT:

Der Biskuit ist der luftig-leichte unter den Teigsorten; hier ist zügiges Arbeiten angesagt!
Der Biskuit macht den Großteil der bekanntesten Tortenträume erst möglich. Sein Geheimnis besteht in einer luftigen Eiermasse (meist ohne Fettzugabe), wobei Eigelb und Eiweiß getrennt voneinander mit Zucker aufgeschlagen werden. Hiernach wird das gesiebte Mehl, welches zusätzliches Volumen mit sich bringt, und zum Schluss vorsichtig das Eiweiß unter die Eigelbmasse gezogen.
Ersetzt man einen Teil des Mehls durch Speisestärke, wird der Biskuit noch feinporiger.
Ob der Biskuit gar ist, testet man mit einem leichten Fingerdruck: Bildet sich eine leichte Vertiefung, die sich augenblicklich zurückwölbt, ist er fertig.
Ist der Teig einmal in der Form, darf er dort nicht lange ruhen – er verliert sonst schnell sein üppiges Volumen!

HEFETEIG:

Viele Hobbybäcker trauen sich vor lauter Angst nicht an den Hefeteig heran – zu Unrecht, denn kein anderer Teig ist so vielseitig

einsetzbar wie dieses Schätzchen. Das einzige, was man mitbringen muss, ist Zeit. Denn Hefeteig ist nichts für Eilige!
Hefe ist eine lebende Kultur, die genügend Nahrung benötigt, um ihre Eigenschaften als Backtriebmittel auszuleben: Feuchtigkeit, Zucker, etwas Salz und eine warme Umgebung spielen eine zentrale Rolle für den Prozess, den wir als „Aufgehen" des Teiges bezeichnen.
Bereitest du einen Hefeteig vor, sollten sämtliche Zutaten Zimmertemperatur besitzen. Frischhefe ist grundsätzlich geschmackvoller als Trockenhefe, muss allerdings in Flüssigkeit (z.B. Milch) aufgelöst werden, deren Temperatur zwischen 35°C und 40°C liegen sollte. Achtung: Ist die Flüssigkeit zu heiß, sterben die Hefepilze ab – und der Teig wird nicht aufgehen.
Für den Hefeteig lassen sich Mehlsorten mit viel Klebereiweiß bzw. Gluten verwenden; sie unterstützen den Teig in seinem Gärprozess. Dazu gehören Weizenmehl Type 405, das dunklere Weizenmehl Type 550 oder auch das Dinkelmehl Type 630.
Bei der Zubereitung unterscheidet man zwischen der indirekten und der direkten Teigführung:

- für die indirekte Teigführung wird zunächst ein Vorteig aus einem Teil des Mehls, der Hefe und der Milch bereitet, welcher gehen muss, bevor er mit den übrigen Zutaten vermengt wird.
- die direkte Teigführung kennt den Vorteig nicht; hier wird die Hefe-Milch-Mischung den anderen Produkten direkt zugeführt.

Die Teigruhe – die Zeit, bis der Hefeteig sein doppeltes Volumen erreicht hat – ist beim Hefeteig sehr wichtig. Hierfür muss er abgedeckt an einem warmen Ort stehen. Danach kann der Teig, je nach Gebäckart, durchgeknetet und verarbeitet werden. Anschließend muss er erneut gehen, bevor er in den Ofen geschoben wird.
Tipp: Die kalte Hefeteigführung ermöglicht es, den Teig am Vorabend vorzubereiten und ihn abgedeckt an einem kalten Ort (z.B. im Kühlschrank) für 8-12 Stunden gehen zu lassen.

QUARK-ÖL-TEIG:

Hast du mal wenig Zeit oder traust dich trotz allem noch nicht an den Hefeteig heran? Dann ist ein Quark-Öl-Teig dein Retter in der Not! Er ist einfach gemacht, schnell in der Zubereitung und braucht keine Ruhezeiten. Bedenke dabei aber, dass der Quark vor der Verarbeitung abtropfen oder ausgedrückt werden muss. Wird dies nicht getan, muss mehr Mehl unter den Teig geknetet werden, was zu einem trockenen Teig führen kann. Ausnahme: Verwendest du Vollkornmehl, kannst du den Quark direkt verarbeiten – hier wird die Feuchtigkeit gebraucht!

LIEBLINGS Rezepte
LIEBLINGS Rezepte
LIEBLINGS Rezepte

MÜRBETEIG

„Ein Leben ohne Kuchen ist möglich, aber sinnlos."

1 Springform

12 h 40 Min.

mittel

BLUEBERRY BOMB

Zubereitungszeit: 20 Minuten
Ruhezeit: 12 Stunden
Backzeit: 20 Minuten, 175°C Ober-/Unterhitze
Backutensilien: 1 Springform, Ø 26 cm

Zutaten
Teig:
100 g Butter, kalt
50 g Zucker
1 Ei, Größe M
30 g Wasser
200 g Mehl

Füllung:
250 g Schlagsahne, kalt
1 Päckchen Sahnesteif
500 g Magerquark
300 g Joghurt
100 g Zucker
1 Päckchen Vanillezucker
2 Päckchen Gelatine fix
200 g Heidelbeerkonfitüre
250 g Heidelbeeren, gefroren

1. Backofen auf 175°C Ober-/Unterhitze vorheizen.

2. Für den Mürbeteig verrührst du die Butter, den Zucker, das Ei und das Wasser im Mixtopf 1 Minute/ Stufe 4. Füge jetzt das Mehl hinzu und vermische alles 30 Sekunden/ Stufe 4. Schiebe den Teig mit dem Spatel nach unten und verrühre den Teig erneut 30 Sekunden/ Stufe 4.

3. Gib den fertigen Mürbeteig in eine gefettete Springform, drücke ihn fest und steche ihn mehrmals mit einer Gabel ein. Dann backst du ihn im Backofen auf der mittleren Schiene 20 Minuten/ 175°C Ober-/ Unterhitze.

4. Anschließend den Mixtopf gründlich reinigen, kalt ausspülen und gut abtrocknen. Schlage nun die Sahne unter Beobachtung auf Stufe 3 steif. Lass nach 25 Sekunden das Sahnesteif einrieseln. Fülle die Sahne in eine separate Schüssel um und stelle sie in den Kühlschrank. Reinige den Mixtopf erneut.

5. Fülle Quark, Joghurt, Zucker und Vanillezucker in den Mixtopf und verrühre die Zutaten 2 Minuten/ Linkslauf/ Stufe 4. Währenddessen die Gelatine durch die Deckelöffnung einrieseln lassen. Anschließend hebst du die Sahne mit dem Kochlöffel unter. Verteile die fertige Creme auf dem Teig und streiche sie glatt. Nun kannst du die Torte über Nacht in den Kühlschrank stellen.

6. Erwärme die Heidelbeerkonfitüre im Mixtopf 1 Minute/ 60°C/ Stufe 3. Anschließend fügst du die Heidelbeeren hinzu und verrührst alles 4 Minuten/ 60°C/ Linkslauf/ Stufe 3. Belege dann den Kuchen mit der abgekühlten Heidelbeermasse. Stelle den Kuchen bis zum Servieren erneut in den Kühlschrank.

1 Tarteform

2 h 15 Min.

leicht

LIMA-FRISCHKÄSE-TARTE

Zubereitungszeit: 15 Minuten
Ruhezeit: 1 Stunde
Backzeit: 1 Stunde,
180°C Ober-/Unterhitze
Backutensilien: 1 Tarteform, Ø 26 cm, Zitronenpresse, feine Reibe, beschichtete Pfanne

Zutaten

- 75 g Mandeln, geschält
- 250 g Zucker
- 250 g Mehl
- 150 g Butter, weich
- 1 Prise Salz
- 1 Bio-Limette
- 250 g Quark, 20 % Fettgehalt
- 250 g Frischkäse, Doppelrahmstufe
- 1 Päckchen Vanillepudding-pulver, z.B von Dr. Oetker
- 4 Eier, Größe M
- etwas Butter für die Form
- 75 g Pistazien zum Bestreuen, gehackt

1. Röste als Erstes die Mandeln in einer beschichteten Pfanne auf mittlerer Hitze goldbraun an und lass sie abkühlen.

2. Währenddessen pulverisierst du 75 g Zucker im Mixtopf 10 Sekunden/ Stufe 10. Warte 2 Minuten bevor du den Deckel öffnest, da der Zucker sonst zu sehr staubt. Füll den Zucker in eine separate Schüssel um.

3. Gib nun die gerösteten Mandeln in den Mixtopf und zerkleinere sie 10 Sekunden/ Stufe 10. Anschließend gibst du das Mehl, die Butter, den Puderzucker und das Salz in den Mixtopf dazu und verrührst alles 2 Minuten/ Stufe 3 zu einem Teig. Den Teig formst du zu einer Kugel und wickelst diesen in Frischhaltefolie. Leg den eingewickelten Teig 1 Stunde zum Ruhen in den Kühlschrank.

4. Heize den Backofen auf 180°C Ober-/Unterhitze vor und spül den Mixtopf aus. Wasche die Limette unter heißem Wasser, trockne sie und reibe sie in ein Schälchen. Presse anschließend den Saft mit Hilfe einer Zitronenpresse in ein separates Schälchen.

5. In den Mixtopf gibst du als Nächstes den Quark, den Frischkäse, 175 g Zucker, das Puddingpulver, die Eier, den Saft und die abgeriebene Limettenschale und verrührst alles 2 Minuten/ Stufe 3.

6. Fette nun die Backform mit Butter ein und rolle den Teig aus dem Kühlschrank auf Backpapier aus. Leg ihn dann in die Form und steche ihn mehrmals mit einer Gabel ein. Gieß die Quark-Frischkäse-Creme gleichmäßig auf den Teig und backe den Kuchen anschließend 1 Stunde/ 180°C Ober-/Unterhitze goldbraun.

7. Lass den Kuchen auf einem Kuchenrost abkühlen und garniere ihn vor dem Servieren mit den gehackten Pistazien.

1 Springform

1 h 35 Min.

leicht

BACCHUS' VERSUCHUNG

Zubereitungszeit: 30 Minuten
Ruhezeit: 30 Minuten
Backzeit: 35 Minuten, 180°C Ober-/Unterhitze
Backutensilien: 1 Springform, Ø 26 cm, feine Reibe, Backpapier, Frischhaltefolie

Zutaten

Teig:

- 150 g Mehl
- 100 g Butter, weich
- 50 g Zucker
- 20 g Wasser
- etwas Butter für die Form
- 500 g Hülsenfrüchte
- 5 g Semmelbrösel

Füllung:

- 500 g helle Trauben, kernlos, gewaschen

Guss:

- 4 Eier, Größe M
- 100 g Zucker
- ½ Bio-Zitrone
- 70 g Mandeln
- 125 g Butter, weich

1. Als Erstes verrührst du für den Teig das Mehl mit der Butter, dem Zucker und dem Wasser im Mixtopf 20 Sekunden/ Stufe 4. Füll den Teig in eine separate Schüssel, deck diese mit Frischhaltefolie ab und lass den Teig 30 Minuten im Kühlschrank ruhen. Spül den Mixtopf gut aus und trockne ihn mit Küchenpapier ab.

2. Heize den Backofen auf 180°C Ober-/Unterhitze vor. Roll den Teig auf Backpapier aus und leg ihn anschließend in eine gefettete Backform. Achte darauf, dass du am Backformrand einen 2 cm hohen Rand hochdrückst. Stech den Kuchen mehrmals mit einer Gabel ein, bedecke ihn mit Backpapier und leg die Hülsenfrüchte darauf. Backe den Kuchenboden nun 10 Minuten/ 180°C Ober-/Unterhitze im vorgeheizten Backofen.

3. Nach dem Backen bestreust du den Teig gleichmäßig mit den Semmelbröseln und belegst ihn mit den Trauben.

4. Für den Guss trennst du als Erstes die Eier und gibst das Eiweiß in den Mixtopf. Füll die Eigelbe in eine separate Schüssel. Schlag nun das Eiweiß auf. Dafür setzt du den Schmetterling auf die Klinge, gibst 50 g Zucker in den Mixtopf dazu und verrührst das Eiweiß 4 Minuten/ Stufe 4.

5. Füll das geschlagene Eiweiß in eine separate Schüssel um und stell diese zur Kühlung in den Kühlschrank. Spül den Mixtopf aus und trockne ihn gut ab. Wasche die Zitrone unter heißem Wasser, trockne sie und reibe die Schale mit einer feinen Reibe in ein Schälchen.

6. Zerkleinere nun die Mandeln im Mixtopf 1 Minute/ Stufe 8 und füg anschließend die Butter, die Zitronenschale, die Eigelbe und die restlichen 50 g Zucker hinzu. Verrühre nun alles 2 Minuten/ Stufe 3.

7. Gib als Nächstes den Eischnee in den Mixtopf und rühre ihn mit Hilfe des Spatels vorsichtig unter die Mischung.

8. Gieß anschließend den Guss gleichmäßig über die Trauben und backe den Kuchen im vorgeheizten Backofen noch mal 25 Minuten/ 180°C Ober-/Unterhitze. Lass den Kuchen nach Ablauf der Backzeit 20 Minuten in der Backform ruhen, löse ihn vorsichtig aus der Backform und lass ihn auf einem Kuchengitter auskühlen.

mixtipp

Schmeckt auch gut mit frischen Feigen.

1 Springform

1 h 45 Min.

leicht

APFELKUCHEN ELSÄSSER ART

Zubereitungszeit: 20 Minuten
Ruhezeit: 30 Minuten
Backzeit: 55 Minuten, 160°C Umluft
Backutensilien: 1 Springform, Ø 26 cm, feine Reibe, Frischhaltefolie

Zutaten
Teig:
125 g Butter
250 g Mehl
50 g Zucker
1 Prise Salz
1 Ei, Größe M
etwas Butter für die Form
Füllung:
800 g Äpfel, geschält, geviertelt, entkernt
Guss:
½ Bio-Zitrone
125 g Sahne
3 Eier, Größe M
100 g Zucker
1 Päckchen Vanillezucker

1. Verrühre für den Teig die Butter, das Mehl, den Zucker, das Salz und das Ei im Mixtopf 4 Minuten/ Stufe 4. Form den Teig zu einer Kugel und umwickel ihn mit Frischhaltefolie. Leg den Teig für 30 Minuten in den Kühlschrank und reinige den Mixtopf.

2. Fette währenddessen die Backform mit etwas Butter ein und heize den Backofen auf 160°C Umluft vor.

3. Rolle den Teig auf einer bemehlten Oberfläche aus und leg ihn in die Backform. Drück den Teig am Rand der Backform ca. 4 cm hoch, sodass ein Rand entsteht.

4. Schneide die Apfelviertel in Scheiben und verteile sie auf dem Teig. Backe den Teig nun im vorgeheizten Backofen 25 Minuten/ 160°C Umluft und wasche die Zitrone unter heißem Wasser ab, trockne sie und reibe sie mit einer feinen Reibe in ein Schälchen.

5. Für den Guss verrührst du die Sahne mit den Eiern, dem Zucker, dem Vanillezucker und der Zitronenschale im Mixtopf 2 Minuten/ Stufe 3. Gieß den Guss über den Kuchen und backe ihn weitere 30 Minuten.

1 Springform

1 h 5-10 Min.

leicht

CINNAMON SIN

Zubereitungszeit: 40 Minuten
Backzeit: 25-30 Minuten, 180°C Umluft
Backutensilien: 1 Springform, Ø 26 cm

Zutaten
200 g Weizenmehl
125 g Butter
80 g Zucker
1 Ei, Größe M
1 Prise Salz
1 Glas Wildpreiselbeeren (400 g Füllmenge)
1 Eigelb, Größe M
2 EL Milch
1 EL Puderzucker
1 TL Zimt, gemahlen
etwas Butter und Paniermehl für die Form

1. Zuerst fettest du die Springform ein und bestreust sie mit Paniermehl. Heize den Backofen auf 180°C Umluft vor.

2. Dann gibst du Mehl, Butter, Zucker, das Ei und das Salz in den Mixtopf und knetest den Teig 6 Minuten/ Knetstufe.

3. Etwa 2/3 des Teiges gibst du in die Springform, drückst ihn leicht fest und ziehst einen Rand an der Form hoch.

4. Danach verteilst du das Glas Wildpreiselbeeren gleichmäßig auf dem Teig.

5. Den restlichen Teig rollst du aus und stichst mit Ausstechformen Sterne und Herzchen aus. Die legst du auf die Wildpreiselbeeren.

6. Jetzt vermischst du das Eigelb mit der Milch 1 Minute/ Stufe 2 und bepinselst die Sterne mit der Flüssigkeit.

7. Anschließend backst du den Kuchen 25-30 Minuten/ 180°C Umluft auf der mittleren Schiene im Backofen.

8. Mische Puderzucker und Zimt in einer kleinen Schüssel und bestreue die Sterne hiermit nach dem Backen.

9. Dann lass die Tarte auskühlen und genieße sie mit etwas Schlagsahne.

RÜHRTEIG

„Wo Kuchen ist, da ist auch Hoffnung, und Kuchen gibt es immer."

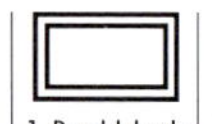
1 Backblech

30-35 Min.

leicht

ANNAS ZITRONENSCHNITTE

Zubereitungszeit: 10 Minuten
Backzeit: 20-25 Minuten, 160°C Umluft
Backutensilien: 1 Backblech, Zitronenreibe, Zitronenpresse

Zutaten

Teig:

2 Bio-Zitronen
350 g Butter, weich
350 g Zucker
1 Päckchen Vanillezucker
6 Eier, Größe M
350 g Mehl
10 g Backpulver

Guss:

200 g Puderzucker
40 g Zitronensaft

1. Heize als Erstes den Backofen auf 160°C Umluft vor. Wasche die Zitronen unter heißem Wasser ab, trockne sie und reibe mit einer feinen Reibe die Schale in ein Schälchen. Presse mit einer Zitronenpresse den Saft der Zitronen in ein separates Schälchen.

2. Für den Teig gibst du die Butter mit dem Zucker und dem Vanillezucker in den Mixtopf und verrührst die Mischung 3 Minuten/ Stufe 3. Gib währenddessen die Eier langsam durch die Deckelöffnung dazu.

3. Jetzt kannst du auch das Mehl, das Backpulver und die abgeriebene Zitronenschale dazugeben und den Teig 2,5 Minuten/ Stufe 5 verrühren.

4. Leg ein Backblech mit Backpapier aus und verteile den Teig gleichmäßig darauf. Backe ihn nun im vorgeheizten Backofen 20-25 Minuten/ 160°C Umluft aus.

5. Wenn der Kuchen vollständig ausgekühlt ist, rührst du 40 g von dem Saft in den Puderzucker ein und bestreichst damit den Kuchen.

1 Springform

1 h 15 Min.

leicht

POMME RAPIDE

Zubereitungszeit: 15 Minuten
Backzeit: 60 Minuten,
180°C Ober-/Unterhitze
Backutensilien: 1 Springform,
Ø 26 cm, feine Reibe

Zutaten
800 g Äpfel, geschält, entkernt
1 Bio-Zitrone
250 g Butter, weich
230 g Zucker
1 Päckchen Vanillezucker
5 Eier, Größe M
1 Päckchen Backpulver
350 g Mehl
etwas Butter für die Form
etwas Puderzucker zum Bestäuben

1. Schneide die Äpfel in grobe Stücke und leg sie bis zu ihrer Weiterverarbeitung in eine separate Schüssel.

2. Heize den Backofen schon mal auf 180°C Ober-/ Unterhitze vor. Wasche die Zitrone unter heißem Wasser ab, trockne sie und reibe mit einer feinen Reibe die Schale in ein Schälchen.

3. Gib nun für den Kuchen die Butter, den Zucker, den Vanillezucker und die Zitronenschale in den Mixtopf und verrühre alle Zutaten 2 Minuten/ Stufe 4. Währenddessen gibst du die Eier nacheinander durch die Deckelöffnung dazu.

4. Als Nächstes vermischst du das Backpulver mit dem Mehl und gibst die Mischung in den Mixtopf dazu. Schieb die Reste der Zucker-Ei-Mischung am Deckelrand mit dem Spatel nach unten und verrühre den Teig 2 Minuten/ Stufe 3.

5. Fette die Backform mit Butter ein und füg anschließend die Apfelstücke in den Mixtopf hinzu. Rühre diese 10 Sekunden/ Linkslauf/ Rührstufe unter den Teig.

6. Verteile den Teig nun gleichmäßig in der Backform und backe den Apfelkuchen 60 Minuten/ 180°C Ober-/Unterhitze.

7. Prüfe nach der Backzeit mit einem Stäbchen, ob der Kuchen gar ist. Nach Bedarf musst du die Backzeit um 10 Minuten verlängern.

8. Lass den Kuchen 10 Minuten in der Form abkühlen und stürze ihn dann zum Abkühlen auf ein Kuchenrost. Bestreu ihn nach Belieben mit Puderzucker.

mixtipp
Der Kuchen schmeckt besonders gut mit geschlagener Sahne.

1 Springform

1 h

leicht

UNTER DER HAUBE

Zubereitungszeit: 15 Minuten
Backzeit: 45 Minuten, 175°C Ober-/Unterhitze
Backutensilien: 1 Springform, Ø 26 cm, Zitronenpresse

Zutaten

Teig:

- 150 g Butter, weich
- 125 g Zucker
- 1 Päckchen Vanillezucker
- 1 Prise Salz
- 2 Eier, Größe M
- 3 Eigelb, Größe M
- 150 g Mehl
- 75 g Speisestärke
- 5 g Backpulver
- etwas Butter für die Form

Füllung:

- 500 g Rhabarber, geputzt, in Stücken
- ½ Bio-Zitrone
- 3 Eiweiß, Größe M
- 175 g Zucker
- 60 g Mandelstifte

1. Als Erstes fettest du die Backform mit etwas Butter ein und heizt den Backofen auf 175°C Ober-/Unterhitze vor.

2. Gib für den Teig die Butter, den Zucker, den Vanillezucker und das Salz in den Mixtopf und verrühre die Mischung 4 Minuten/ Stufe 3. Füg währenddessen die Eier und die Eigelbe durch die Deckelöffnung hinzu. Anschließend gibst du das Mehl, die Speisestärke und das Backpulver in den Mixtopf und verrührst alles 4 Minuten/ Stufe 5 zu einem Teig. Füll den Teig in die Springform und beleg ihn mit den Rhabarberstücken. Backe den Kuchen auf mittlerer Schiene im vorgeheizten Backofen 25 Minuten/ 175°C Ober-/Unterhitze und reinige den Mixtopf. Achte darauf, dass keine Fettrückstände zurückbleiben. Presse den Saft der halben Zitrone mit der Zitronensaftpresse in ein Schälchen.

3. Setz anschließend den Schmetterling auf die Klinge und schlag das Eiweiß im Mixtopf mit 90 g Zucker 4 Minuten/ Stufe 4 zu Eischnee auf. Füg die restlichen 85 g Zucker, den Zitronensaft und die Mandeln hinzu und rühre sie 1 Minute/ Stufe 1 unter den Eischnee. Gieß die Masse auf den Kuchen und backe ihn weitere 20 Minuten/ 175°C Ober-/Unterhitze im Backofen. Lass den Kuchen nach Ablauf der Backzeit noch 20 Minuten in der Form ruhen. Löse mit Hilfe eines Messers den Kuchen aus der Form und lass ihn auf einem Kuchengitter abkühlen.

1 Tarteform

1 h

leicht

APRIKOSENWÄHE

Zubereitungszeit: 20 Minuten
Backzeit: 40 Minuten,
180°C Ober-/Unterhitze
Backutensilien: 1 Tarteform,
Ø 28 cm, Sieb

Zutaten

Füllung:

490 g Aprikosen aus der Dose (Abtropfgewicht)

Teig:

50 g Mandeln

150 g Butter, weich

100 g brauner Zucker

3 Eier, Größe M

150 g Mehl

1 Messerspitze Backpulver

etwas Butter für die Form

Guss:

40 g Zucker

200 g Crème fraiche

2 Eigelb, Größe M

1. Als Erstes gibst du die Aprikosen in ein Sieb und lässt sie abtropfen. Heize den Backofen auf 180°C Ober-/Unterhitze vor.

2. Für den Teig zerkleinerst du die Mandeln im Mixtopf 10 Sekunden/ Stufe 8. Gib die Butter, den Zucker und die Eier dazu und verrühre alles 3 Minuten/ Stufe 3. Anschließend fügst du das Mehl und das Backpulver hinzu und verrührst die Mischung erneut 4 Minuten/ Stufe 3.

3. Fette die Tarteform währenddessen mit etwas Butter ein und verteile den Teig gleichmäßig in der Form. Belege den Teig mit den Aprikosen.

4. Für den Guss pulverisierst du im gereinigten Mixtopf den Zucker 10 Sekunden/ Stufe 10. Warte 2 Minuten bevor du den Deckel öffnest, da der Puderzucker sonst zu sehr staubt. Füg die Crème fraîche und Eigelbe hinzu und verrühre die Creme 2 Minuten/ Stufe 4.

5. Verteile die Creme nun auf den Aprikosen und backe die Tarte im vorgeheizten Backofen 40 Minuten/ 180°C Ober-/Unterhitze.

1 Springform

55 Min.

leicht

ÄPFEL STEHEN KOPF – APFELTARTE MAL ANDERS

Zubereitungszeit: 15 Minuten
Backzeit: 40 Minuten,
180°C Ober-/Unterhitze
Backutensilien: 1 Springform, Ø 28 cm, feine Reibe, Zitronenpresse

Zutaten
120 g Butter
50 g Zucker
4-5 Äpfel, säuerlich (Cox Orange, Boskoop)
3 Eier, Größe M
140 g Zucker
½ Bio-Zitrone
180 g Mehl
1 gestr. TL Backpulver
3 EL brauner Rum

1. Zuerst heizt du den Backofen auf 180°C Ober-/ Unterhitze vor und lässt 40 g Butter 2 Minuten/ 50°C/ Stufe 1 im Mixtopf schmelzen.

2. Danach gießt du die flüssige Butter in die Backform und verteilst den Zucker gleichmäßig darüber.

3. Dann schälst du die Äpfel und schneidest sie in gleichgroße Spalten. Verteile diese anschließend schuppenförmig in der Form.

4. Setze nun den Schmetterling in den Mixtopf ein, gib die restliche Butter zusammen mit den Eiern und dem Zucker hinzu und schlage die Mischung 2 Minuten/ Stufe 3 schaumig auf. Wasche währenddessen die Zitrone unter heißem Wasser, trockne sie und reib die Schale in ein Schälchen. Presse anschließend den Saft der Zitrone in ein separates Schälchen.

5. Siebe dann das Mehl und das Backpulver in den Mixtopf und rühre es 2 Minuten/ Stufe 3 unter. Wenn etwas Mehl am Rand kleben bleiben sollte, schiebe es mit dem Spatel nach unten, gib den Rum, den Zitronensaft und die Zitronenschale hinzu und vermische alles nochmal 1,5 Minuten/ Stufe 3.

6. Verteile den Teig anschließend gleichmäßig auf den Äpfeln, streiche ihn glatt und backe den Kuchen 40 Minuten/180°C Ober-/Unterhitze im Backofen.

mixtipp
Serviere den Kuchen mit einer Kugel Vanilleeis.

1 Kastenform | 1 h 5-10 Min. | mittel

BIRNE, RÜTTEL DICH UND SCHÜTTEL DICH

Zubereitungszeit: 25 Minuten
Backzeit: 40-45 Minuten, 175°C Ober-/Unterhitze
Backutensilien: 1 Kastenform, Zitronenpresse

Zutaten

- 50 g Zartbitterschokolade, in Stücken
- 5 kleine Birnen
- 1 Bio-Zitrone
- 150 g Vollmilchschokolade
- 125 g Butter
- 4 Eier, Größe M
- 125 g Zucker
- 50 g Rotwein
- 200 g Mehl
- 2 TL Backpulver
- 50 g Backkakao
- Etwas Öl oder Butter zum Fetten der Kastenform

1. Stelle zunächst die Schokoladenraspel her, indem du 50 g Zartbitterschokolade 5 Sekunden/ Stufe 3 zerkleinerst. Fülle die Schokoraspel in eine separate Schüssel um, presse mit einer Zitronenpresse den Saft aus der Zitrone und füll ihn in ein Schälchen.

2. Heize zunächst den Ofen auf 175°C Ober-/Unterhitze vor und fette eine Kastenform mit etwas Öl oder Butter ein. Schäle als Erstes die Birnen und begradige das untere Ende. Versuche das Kerngehäuse von unten auszuschneiden und zu entfernen. Beträufele dann die Birnen mit etwas Zitronensaft, damit sie nicht braun werden.

3. Brich die Vollmilchschokolade in grobe Stücke und füll sie in den Mixtopf, wo sie 8 Sekunden/ Stufe 8 zerkleinert werden muss. Gib die Butter dazu und schmelze beides zusammen 5 Minuten/ 60°C/ Stufe 2.

4. Gib die Eier, den Zucker und den Rotwein zu der Schokoladenmischung in den Mixtopf und vermische alles 40 Sekunden/ Stufe 4. Schieb die Reste mit dem Spatel nach unten, fülle dann Mehl, Backpulver und Kakao ein und vermische den Teig jetzt 2 Minuten/ Stufe 3. Schiebe wieder die Reste mit dem Spatel nach unten. Zum Abschluss wird der Teig nochmals 10 Sekunden/ Stufe 4 vermischt.

5. Fülle den Teig in die Kastenform und setze die Birnen auf den Teig. Drücke die Birnen bis zur Hälfte in den Kuchen ein. Bestreue den Kuchen mit den Schokoladenraspeln und schieb ihn in den Ofen. Jetzt muss er 40-45 Minuten bei 175°C Ober-/Unterhitze backen.

mixtipp
Bist du eher der etwas „herbere" Typ? Dann nimm Bitterschokolade.

1 Backblech

1 h
10-15 Min.

mittel

ZWETSCHGENTRAUM

Zubereitungszeit: 25 Minuten
Backzeit: 45-50 Minuten, 160°C Umluft
Backutensilien: 1 tiefes Backblech, Backpapier, Zitronenreibe

Zutaten

- 850 g Zwetschgen
- 1 Bio-Zitrone
- 250 g Butter, weich
- 175 g Zucker
- 1 Prise Salz
- 4 Eier, Größe M
- 25 g Buttermilch
- 250 g Mehl
- 2 gestr. TL Backpulver
- 50 g Zimtzucker, nach Belieben

1. Zunächst musst du die Zwetschgen waschen, trocknen, halbieren und entsteinen. Wasche die Zitrone unter heißem Wasser, trockne sie und reibe die Schale ab.

2. Heize nun den Backofen auf 160°C Umluft vor und belege das Backblech mit Backpapier.

3. Gebe dann Butter, Zucker und Salz in den Mixtopf und vermische die Zutaten 2 Minuten/ Stufe 3. Gib den Zitronenschalenabrieb und dann nach und nach die Eier und die Buttermilch zum Teig dazu. Vermische den Teig nochmals 1 Minute/ Stufe 3. Danach gibst du noch das Mehl und das Backpulver in den Mixtopf und vermengst den Teig nochmals 2 Minuten/ Stufe 3.

4. Fülle nun den Teig auf das Backblech und belege ihn mit den Pflaumen. Streue anschließend den Zimtzucker über die Pflaumen.

5. Backe den Kuchen 45 bis 50 Minuten/ 160°C Umluft im Backofen.

1 Backform 30 x 21 cm

55 Min.

leicht

BLONDES HAVE MORE FUN – RASPBERRY BLONDIES

Zubereitungszeit: 30 Minuten
Backzeit: 25 Minuten, 175°C Ober-/Unterhitze
Backutensilien: 1 Backform, 30 x 21 cm

Zutaten
3 Eier, Größe M
250 g weiße Schokolade
150 g Butter
50 g Zucker
1 TL Salz
1 Päckchen Vanillezucker
220 g Mehl
100 g frische Himbeeren
10 weiße Schokoherzen oder Schokoladendrops

1. Zuerst heizt du den Backofen auf 175°C Ober-/Unterhitze vor und fettest die Backform ein.

2. Dann schlägst du die Eier 3 Minuten/ Stufe 3,5 mit Hilfe des Schmetterlings schaumig auf und stellst sie zur Seite. Reinige und trockne den Mixtopf und den Schmetterling gründlich.

3. Anschließend zerkleinerst du die weiße Schokolade im Mixtopf 8 Sekunden/ Stufe 8, schiebst die Stückchen mit dem Spatel nach unten, fügst die Butter hinzu und lässt sie zusammen mit der Schokolade 5 Minuten/ 50°C/ Stufe 1 schmelzen. Danach mischst du die Schokobutter 1 Minute/ Stufe 2.

4. Jetzt setzt du den Schmetterling wieder ein und gibst die aufgeschlagenen Eier mit dem Zucker, dem Salz und dem Vanillezucker zur Schokobutter und mischst die Masse 2 Minuten/ Stufe 2.

5. Dann fügst du das Mehl hinzu und rührst den Teig 3 Minuten/ Stufe 2. Wenn noch Mehl am oberen Rand des Mixtopfes klebt, schiebe es mit dem Spatel nach unten und verrühre den Teig nochmals 1 Minute/ Stufe 2.

6. Fülle nun den Teig in deine Backform und verteile ihn gleichmäßig. Gib die gewaschenen Himbeeren und die Schokoladendrops hinzu und drücke sie leicht fest. Dann backe den Teig 25 Minuten/ 175°C Ober-/Unterhitze. Die Blondies sollten nicht zu dunkel werden.

1 Gugelhupf-form

55 Min.

leicht

MARZIPAN TOTAL

Zubereitungszeit: 10 Minuten
Backzeit: ca. 45 Minuten, 160°C/130°C Umluft
Backutensilien: 1 Gugelhupf-form

Zutaten
400 g Marzipanrohmasse
6 Eier, Größe M
100 g Mandeln, gemahlen
10 g Amarettolikör

1. Zunächst heizt du den Backofen auf 160°C Umluft vor. Fette dann eine Gugelhupfform ein und streu sie mit Zucker aus.

2. Schneide dann das Marzipan in grobe Stücke. Gib es in den Mixtopf und püriere es 8 Sekunden/ Stufe 10. Diesen Vorgang wiederholst du zweimal. Anschließend schiebst du das Marzipan mit dem Spatel nach unten.

3. Nun rührst du nacheinander die Eier 3 Minuten/ Stufe 3 durch die Deckelöffnung unter. Gib zuletzt die gemahlenen Mandeln und den Amarettolikör hinzu und lass die Mischung erneut 2 Minuten/ Stufe 5 rühren, bis ein cremiger Teig entsteht.

4. Jetzt kannst du deinen Marzipankuchen erst 15 Minuten/ 160°C Umluft, dann weitere 30-35 Minuten/ 130°C Umluft backen.

1 Springform

50 Min.

leicht

GRÜEZI RÜEBLI – MÖHRENTRAUM

Zubereitungszeit: 15 Minuten
Backzeit: 35 Minuten, 180°C Ober-/Unterhitze
Backutensilien: 1 Springform, Ø 26 cm, feine Reibe, Zitronenpresse

Zutaten

Teig:

- 1 Bio-Zitrone
- 250 g Möhren, geschält, in Stücken
- 2 EL Kirschwasser
- 6 Eier, Größe M
- 150 g Zucker
- 250 g Mandeln
- 50 g Mehl
- 5 g Backpulver
- etwas Butter für die Form
- 5 g Semmelbrösel für die Form

Guss:

- 200 g Zucker
- 3 EL Zitronensaft
- Marzipanmöhrchen zum Verzieren

1. Wasche als Erstes die Zitrone unter heißem Wasser, trockne sie und reib mit einer feinen Reibe die Schale in ein Schälchen. Presse mit der Zitronenpresse den Saft der Zitrone aus. Zerkleinere die Möhrenstücke im Mixtopf 1 Minute/ Stufe 8 und gib die Zitronenschale und das Kirschwasser dazu. Verrühre die Mischung 10 Sekunden/ Stufe 5 und füll sie in eine separate Schüssel um. Spül den Mixtopf aus und trockne ihn ab. Heize den Backofen schon mal auf 180°C Ober-/Unterhitze vor.

2. Trenn die Eier und gib das Eiweiß mit dem Zucker in den Mixtopf und füll die Eigelbe in ein Schälchen. Setz den Schmetterling auf die Klinge und schlag das Eiweiß 4 Minuten/ Stufe 4 auf. Fette währenddessen die Backform mit etwas Butter ein und streu die Form mit den Semmelbröseln aus. Den Eischnee füllst du nach Ablauf der Zeit in eine separate Schüssel und stellst diese zur Kühlung in den Kühlschrank. Spül anschließend den Mixtopf aus.

3. In den abgetrockneten Mixtopf gibst du die Mandeln und zerkleinerst sie 10 Sekunden/ Stufe 10. Füg nun das Mehl und das Backpulver hinzu und verrühre die Mischung 10 Sekunden/ Stufe 4.

4. Als Nächstes gibst du die Eigelbe und die zerkleinerten Möhren dazu und verrührst die Masse 1 Minute/ Stufe 3.

5. Jetzt kannst du mit Hilfe des Spatels auch den Eischnee in die Masse einrühren und den Teig in die Backform füllen.

6. Backe den Kuchen nun im Backofen 35 Minuten/ 180°C Ober-/Unterhitze. Lass den Kuchen nach dem Backen 10 Minuten in der Form ziehen, bevor du ihn auf das Kuchengitter stürzt.

7. Wenn der Kuchen vollständig abgekühlt ist, pulverisierst du für den Guss den Zucker im ausgespülten Mixtopf 10 Sekunden/ Stufe 10. Warte 2 Minuten bevor du den Deckel öffnest, da der Zucker sonst zu sehr staubt und gib den Saft hinzu. Verrühre alles nochmals 20 Sekunden/ Stufe 4.

8. Verstreiche nun gleichmäßig den Guss auf dem Kuchen und verziere ihn mit den Marzipanmöhrchen.

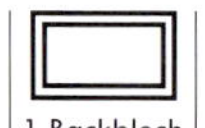
1 Backblech

3 h

leicht

ROTBEETCHEN UND SCHOKOSCHMELZ

Zubereitungszeit: 20 Minuten
Ruhezeit: 2 Stunden
Backzeit: 40 Minuten, 175°C Ober-/Unterhitze
Backutensilien: 1 Backblech

Zutaten

- 400 g Butter
- 500 g dunkle geschmolzene Schokolade, mind. 70% Kakaoanteil
- 400 g Rohrzucker
- 6 Eier, Größe M
- 400 g gekochte rote Bete (in Vakuum eingeschweißt)
- Mark von 1 Vanilleschote
- 4 EL Kakaopulver zum Backen
- 400 g Mehl
- 1 Päckchen Backpulver
- 400 g Zartbitterkuvertüre zum Bestreichen des Kuchens

1. Zunächst heizt du den Backofen auf 175°C Ober-/Unterhitze vor.

2. Gebe die Butter in den Mixtopf und lasse sie 4 Minuten/ 60°C/ Stufe 1 schmelzen. Fülle die zerlassene Butter in eine Schüssel und reinige den Mixtopf.

3. Gib danach die Schokolade in den Mixtopf und zerkleinere sie 30 Sekunden/ Stufe 4. Nun muss die Schokolade 4 Minuten/ 50°C/ Stufe 1 geschmolzen werden.

4. Füge jetzt die zerlassene Butter, den Rohrzucker, die Eier, die rote Bete, das Mark der Vanilleschote und das Kakaopulver in den Mixtopf und püriere alle Zutaten 3 Minuten/ Stufe 5.

5. Anschließend gibst du noch das Mehl und das Backpulver dazu und verrührst alles nochmals 3 Minuten/ Teigknetstufe. Nicht erschrecken, der Mixtopf ist mit den Zutaten bis zum Deckel gefüllt. Sollte das Mehl nach der angegebenen Zeit noch nicht komplett eingearbeitet sein, nutze die Turbofunktion 2 Sekunden. Bei Bedarf wiederholen.

6. Schließlich erhältst du einen cremigen Teig, den du auf das mit Backpapier ausgelegte Backblech fließen lässt.

7. Danach schiebst du das Backblech in die mittlere Schiene und lässt den Kuchen 40 Minuten/ 175°C Ober-/Unterhitze backen.

8. Nach dem Auskühlen des Kuchens die Kuvertüre im Mixtopf 30 Sekunden/ Stufe 4 zerkleinern. Zuletzt lässt du sie 4 Minuten/ 50°C/ Stufe 1 schmelzen. Bestreiche den Kuchen mit der flüssigen Kuvertüre.

1 Springform

55 Min.

leicht

MAGIC MINT ODER DIE FEINE ENGLISCHE ART ...

Zubereitungszeit: 15 Minuten
Backzeit: 40 Minuten, 175°C Umluft
Backutensilien: 1 Springform, Ø 26 cm, Backpapier

Zutaten
200 g After Eight oder andere Minztäfelchen
80 g Sonnenblumenöl
200 g Mehl
50 g gemahlene Mandeln
75 g Zucker
250 g Buttermilch
1 Ei, Größe M
2 gestr. TL Backpulver
etwas Öl oder Butter zum Fetten der Kuchenform

1. Heize zuerst den Backofen auf 175°C Umluft vor und fette die Springform mit ein wenig Öl oder Butter ein.

2. Brich die Minztäfelchen in kleine Stücke und gib sie zusammen mit dem Öl in den Mixtopf. Schmelz dann die Schokolade 5 Minuten/ 60°C/ Stufe 2.

3. Gib daraufhin Mehl, gemahlene Mandeln, Zucker, Buttermilch, Ei und das Backpulver in den Mixtopf und vermenge den Teig 2 Minuten/ Stufe 3.

4. Gib den Teig in die gefettete Springform und backe den Kuchen 40 Minuten/ 175°C Umluft. Wenn der Kuchen zu dunkel wird, eventuell nach 30 Minuten mit einem Stück Backpapier abdecken. Abkühlen lassen und den vollen Pfefferminzschlag genießen!

14 Muffinförmchen

2 h 35 Min.

leicht

SCHACHSATT

Zubereitungszeit: 20 Minuten
Ruhezeit: ca. 2 Stunden
Backzeit: 15 Minuten, 170°C Ober-/Unterhitze
Backutensilien: 14 Muffinförmchen

Zutaten

Teig:

- 14 Oreo-Kekse
- 1 Ei, Größe M
- 175 g Buttermilch
- 120 g Mehl
- 150 g Zucker
- 30 g Kakaopulver
- 1 TL Natron
- ½ TL Salz
- 1 EL Vanillezucker

Oreo-Haube:

- 12 Oreo-Kekse (5 Stück für den Teig und 7 zum Dekorieren)
- 50 g zimmerwarme Butter
- 300 g Frischkäse
- 240 g Puderzucker
- ½ EL Vanillezucker

1. Zuerst heizt du den Backofen auf 170°C Ober-/Unterhitze vor und bereitest die Muffinförmchen vor. Lege je einen Oreo-Keks in eine Form.

2. Danach gibst du das Ei mit der Buttermilch in den Mixtopf und lässt es mit Hilfe des Schmetterlings 3 Minuten/ Stufe 2 verquirlen. Danach siebst du das Mehl mit dem Zucker, Kakao, Natron, Salz und Vanillezucker in den Mixtopf und hebst die Zutaten langsam 2 Minuten/ Knetstufe unter. Anschließend rührst du die Mischung 2 Minuten/ Stufe 3 zu einem glatten Teig.

3. Dann füllst du die Muffinförmchen ¾ mit dem Teig und backst sie anschließend 15 Minuten/ 170°C Ober-/Unterhitze im Backofen. Mache nach Ablauf der Zeit auf jeden Fall eine Garprobe mit Hilfe eines Holzstäbchens und verlängere die Backzeit je nach Ergebnis.

4. Lass die Muffins vor der Weiterverarbeitung komplett auskühlen.

5. Entferne nun die Füllung aus den Oreo-Keksen und gib die Kekse in den gereinigten Mixtopf und zerkleinere sie 30 Sekunden/ Stufe 5. Fülle sie anschließend in eine separate Schüssel.

6. Mische dann im Mixtopf die Butter und den Frischkäse 1 Minute/ Stufe 3. Wenn noch etwas der Zutaten am oberen Rand des Mixtopfes klebt, schiebe sie mit dem Spatel nach unten und verrühre die Frischkäse-Butter nochmals 1 Minute/ Stufe 3.

7. Gib nun den Puderzucker und Vanillezucker hinzu und verrühre die Masse 1,5 Minuten/ Stufe 2. Schlage sie weitere 2 Minuten/ Stufe 4 auf, bis die Creme eine feste Konsistenz hat.

8. Gib die Kekskrümel hinzu und rühre sie mit dem Spatel unter.

9. Dann kannst du die Oreo-Creme mit einem Spritzbeutel auf die Muffins spritzen.

10. Für die Dekoration musst du die restlichen Oreo-Kekse halbieren und in die Cremehaube auf den Muffins stecken.

1 Backform 30 x 21 cm

40 Min.

leicht

BLACK BEAUTY – SCHOKO-BROWNIES

Zubereitungszeit: 15 Minuten
Backzeit: 25 Minuten, 175°C Ober-/Unterhitze
Backutensilien: 1 Backform, 30 x 21 cm

Zutaten
200 g dunkle Kuvertüre
130 g Butter
3 Eier, Größe M
150 g Mehl
120 g Puderzucker
30 g Kakao
1 Prise Salz
50 g Schokoraspel
Puderzucker für die Deko

mixtipp

Zu den Brownies passen perfekt frische Erdbeeren.

1. Zuerst heizt du den Backofen auf 175°C Ober-/Unterhitze vor und fettest die Backform ein.

2. Dann zerkleinerst du die Kuvertüre im Mixtopf 8 Sekunden/ Stufe 8, schiebst die Stückchen mit dem Spatel nach unten, fügst die Butter hinzu und lässt sie zusammen mit der Schokolade 5 Minuten/ 50°C/ Stufe 1 schmelzen. Danach vermischst du die Schokobutter 1 Minute/ Stufe 2.

3. Jetzt setzt du den Schmetterling ein, gibst die Eier in den Mixtopf und mischst sie mit der Schokobutter 1,5 Minuten/ Stufe 3.

4. Anschließend fügst du Mehl, Puderzucker, Kakao und das Salz hinzu und vermischst die Zutaten 2 Minuten/ Stufe 3 miteinander. Wenn noch Mehl am oberen Rand des Mixtopfes klebt, schiebe es mit dem Spatel nach unten und verrühre den Teig nochmals 1 Minute/ Stufe 2.

5. Nun gibst du die Schokoraspel hinzu und verrührst sie mit dem Teig 30 Sekunden/ Linkslauf/ Stufe 1.

6. Fülle den Brownie-Teig in deine Backform und verteile ihn gleichmäßig. Dann backe den Teig 25 Minuten/ 175°C Ober-/Unterhitze.

7. Lass die Brownies gut auskühlen, schneide sie in viereckige Stücke und bestreue sie vor dem Servieren mit etwas Puderzucker.

24 Muffinförmchen

35 Min.

leicht

BLACK MAGIC MUFFIN

Zubereitungszeit: 10 Minuten
Backzeit: 25 Minuten, 180°C Umluft
Backutensilien: 24 Muffinförmchen aus Papier

Zutaten

150 g Zartbitterkuvertüre
100 g Butter
2 Eier, Größe M
100 g Espresso, abgekühlt
50 g Whiskey
220 g Mehl
50 g Kakaopulver zum Backen
5 g Backpulver
½ TL Natron
150 g Joghurt
150 g Zucker
1 Päckchen Vanillezucker
1 Prise Salz
100 g Schokoraspel

1. Heize als Erstes den Backofen auf 180°C Umluft vor.

2. Zerkleinere für den Teig die Schokolade im Mixtopf 8 Sekunden/ Stufe 8 und gib die Butter hinzu. Schmelze die Schokolade 2 Minuten/ 100°C/ Stufe 2.

3. Gib nun die Eier, den Espresso und den Whiskey in den Mixtopf und verrühre alles 5 Sekunden/ Stufe 3.

4. Als Nächstes gibst du das Mehl, den Kakao, das Backpulver, das Natron, den Joghurt, den Zucker, den Vanillezucker und das Salz hinzu und verrührst es mit der Schokomasse 2 Minuten/ Stufe 4.

5. Zuletzt rührst du die Schokoraspel 1 Minute/ Linkslauf/ Stufe 2 in den Teig ein und verteilst ihn anschließend auf die Muffinförmchen.

6. Backe die Muffins im Backofen 25 Minuten/ 180°C Umluft.

1 Springform

50 Min.

leicht

WALNUT WONDER – WALNUSSKUCHEN DELUXE

Zubereitungszeit: 20 Minuten
Backzeit: 30 Minuten, 160°C Umluft
Backutensilien: 1 Springform, Ø 26 cm, Palette oder Backpinsel, Backpapier

Zutaten

Teig:

- 250 g Walnüsse
- 100 g weißer Zucker
- 100 g brauner Zucker
- 6 Eier, Größe M
- 1 Prise Salz
- 1 Päckchen Vanillezucker
- 1 Schokoladenglasur

Guss:

- 100 g Halbbitterkuvertüre
- 60 g Nussnougat
- 120 g Schlagsahne, kalt

1. Heize zunächst den Backofen auf 160°C Umluft vor. Lege den Boden einer Springform mit Backpapier aus.

2. Fülle die Nüsse in den Mixtopf und zerkleinere sie 5 Sekunden/ Stufe 6. Gebe die Nüsse dann in eine separate Schüssel.

3. Gib den weißen und den braunen Zucker in den Mixtopf und pulverisiere ihn 10 Sekunden/ Stufe 10. Warte anschließend zwei Minuten, bis sich der Zuckerstaub gelegt hat, und fülle dann auch den Zucker in eine separate Schüssel um. Reinige danach den Mixtopf gründlich, sodass er vollkommen fettfrei ist, spüle ihn anschließend mit kaltem Wasser aus und trockne ihn mit Küchenpapier ab.

4. Trenne nun die Eier und schlage das Eiweiß mit einer Prise Salz im Mixtopf 4 Minuten/ Stufe 4 steif. Fülle den Eischnee danach in eine separate Schüssel und stelle diese bis zur weiteren Verarbeitung in den Kühlschrank.

5. Setze den Schmetterling auf und gib das Eigelb zusammen mit dem Zucker und dem Vanillezucker in den Mixtopf. Schlage die Masse 2 Minuten/ Stufe 3 schaumig auf. Gib den Eischnee und die Nüsse dazu und mische den Teig nochmals 10 Sekunden/ Linkslauf/ Stufe 2.

6. Gib den Teig nun in die vorbereitete Backform und backe ihn 30 Minuten/ 160°C Umluft.

7. Nach Ende der Backzeit muss der Kuchen zunächst 10 Minuten in der Form abkühlen. Löse den Rand danach vorsichtig mit einem Spatel und entferne die Form. Lass den Kuchen weitere 30 Minuten abkühlen.

8. Bereite in der Zwischenzeit die Glasur vor, indem du die Kuvertüre mit dem Nougat in den gereinigten Mixtopf gibst und 8 Sekunden/ Stufe 8 zerkleinerst. Fülle die Sahne dazu und erhitze alles 6 Minuten/ 90°C/ Stufe 2. Lasse anschließend die Kuvertüre auf 60°C abkühlen und streiche sie dann zügig mit einer Palette oder einem Pinsel über den Kuchen.

mixtipp

Wer seinen Nusskuchen lieber „knackiger" mag, kann gerne eine geringere Dreheinstellung wählen.

1 Springform

65-70 Min.

leicht

ARANCIA E MARZAPANE

Zubereitungszeit: 20 Minuten
Backzeit: 45-50 Minuten, 180°C Ober-/Unterhitze
Backutensilien: 1 Springform, Ø 26 cm, feine Reibe, Saftpresse

Zutaten
Teig:
2 Bio-Orangen
250 g weiche Butter
180 g Zucker
1 Päckchen Vanillezucker
1 Msp. Vanillemark
1 Msp. Zimt
1 Prise Salz
200 g Marzipanrohmasse
4 Eier, Größe M
250 g Mehl
75 g Speisestärke
2 geh. TL Backpulver
Fett für die Form

Guss:
150 g Puderzucker
4 EL Orangensaft
6 kandierte Orangenscheiben

1. Zuerst heizt du den Backofen auf 180°C Ober-/Unterhitze vor, fettest die Backform ein, spülst die Orangen heiß ab und tupfst sie trocken. Reibe die Schale von einer Orange ab und presse den Saft beider Orangen aus.

2. Dann setzt du den Schmetterling in den Mixtopf ein, fügst die Butter mit dem Zucker, Vanillezucker, Vanillemark, Zimt und Salz hinzu und schlägst die Mischung 4 Minuten/ Stufe 3 schaumig auf.

3. Nun zerbröselst du das Marzipan, gibst es zusammen mit den Eiern in den Mixtopf und rührst es 2 Minuten/ Stufe 3 unter die Butter-Zucker-Mischung.

4. Anschließend siebst du das Mehl, Speisestärke und Backpulver in den Mixtopf und schüttest die Orangenschale und 5 EL frisch gepressten Orangensaft dazu. Die Masse knetest du 4 Minuten/ Stufe 3 zu einem glatten Teig.

5. Fülle den Teig nun in deine vorbereitete Springform und backe den Kuchen ca. 45-50 Minuten/ 180°C Ober-/Unterhitze im Backofen. Wenn du ihn aus dem Ofen holst, steche die Oberfläche mehrere Male mit einer Stricknadel ein und träufele den restlichen Orangensaft darüber. Dann löse den Kuchen mit Hilfe eines Messers aus der Form und lasse ihn auf einem Kuchengitter abkühlen.

6. Für den Guss verrührst du den Puderzucker mit dem Orangensaft 1 Minute/ Stufe 2 im Mixtopf und bestreichst damit den Kuchen.

7. Abschließend kannst du den Kuchen mit den kandierten Orangenscheiben verzieren.

mixtipp
Der Kuchen schmeckt am besten, wenn er eine Nacht im Kühlschrank durchgezogen ist.

1 Gugelhupf-form

1 h 5 Min.

leicht

ADVENT, ADVENT, EIN LICHTLEIN BRENNT

Zubereitungszeit: 15 Minuten
Backzeit: 50 Minuten, 175°C Ober-/Unterhitze
Backutensilien: 1 Gugelhupfform, beschichtete Pfanne

Zutaten
150 g Haselnüsse
20 g Orangeat
250 g Mehl
5 g Backpulver
35 g Kakao
2 TL Lebkuchengewürz
240 g Butter, weich
150 g Zucker
50 g brauner Zucker
1 Prise Salz
100 g Marzipanrohmasse, in Stücken
5 Eier, Größe M
120 g Glühwein
Etwas Butter für die Form
Puderzucker zum Bestäuben, nach Belieben

1. Hacke als Erstes die Haselnüsse im Mixtopf 3 Sekunden/ Stufe 5 in grobe Stücke und röste diese anschließend in einer beschichteten Pfanne an. Achte darauf, dass du eine mittlere Hitzeeinstellung benutzt, da die Nüsse sonst schnell anbrennen.

2. Heize den Backofen schon mal auf 175°C Ober-/ Unterhitze vor.

3. Zerkleinere nun im Mixtopf das Orangeat 3 Sekunden/ Stufe 6 und gib das Mehl, das Backpulver, den Kakao und das Lebkuchengewürz hinzu. Verrühre alles 20 Sekunden/ Stufe 3.

4. Als Nächstes gibst du die Butter, den weißen und den braunen Zucker, das Salz, die Marzipanstücke und die gerösteten Haselnussstücke dazu und verrührst die Masse 4 Minuten/ Linkslauf/ Stufe 5. Gib währenddessen die Eier und den Glühwein durch die Deckelöffnung dazu.

5. Fette die Gugelhupfform mit etwas Butter ein und verteil die Teigmasse gleichmäßig in der Form. Backe den Teig nun im Backofen 50 Minuten/ 175°C Ober-/ Unterhitze auf mittlerer Schiene. Wenn du den Kuchen rausholst, lass ihn 10 Minuten in der Form abkühlen, bevor du ihn auf ein Kuchengitter stürzt.

6. Wenn er vollständig abgekühlt ist, bestäube ihn nach Belieben mit Puderzucker oder Deko-Süße.

1 Kastenform

1 h 30 Min.

leicht

MARMORKUCHEN

Zubereitungszeit: 20 Minuten
Backzeit: 70 Minuten,
175°C Ober-/Unterhitze
Backutensilien: 1 Kastenform, feine Reibe

Zutaten
250 g Zucker
1 Bio-Zitrone
100 g Mandeln
70 g Zartbitterkuvertüre
10 g Kakaopulver zum Backen
6 Eier, Größe M
1 Prise Salz
200 g Butter, weich
1 Päckchen Vanillezucker
10 g Rum
200 g Mehl
1 TL Backpulver
etwas Butter und Mehl für die Form
etwas Puderzucker zum Bestäuben

1. Pulverisiere als Erstes 150 g Zucker im Mixtopf 10 Sekunden/ Stufe 10. Warte 2 Minuten, bevor du den Deckel öffnest, da der Zucker sonst zu sehr staubt, und füll den Puderzucker in eine separate Schüssel um. Wasch die Zitrone unter heißem Wasser, trockne sie ab und reib mit einer feinen Reibe die Schale in ein Schälchen.

2. Zerkleinere als Nächstes die Mandeln im Mixtopf 10 Sekunden/ Stufe 7 und fülle auch diese in eine separate Schüssel. Gib anschließend die Kuvertüre in den Mixtopf, zerkleinere sie 8 Sekunden/ Stufe 8 und füll sie in eine separate Schüssel. Vermische den Kakao mit der zerkleinerten Kuvertüre und reinige den Mixtopf. Achte darauf, dass keine Fettreste zurückbleiben.

3. Trenne nun die Eier und gib das Eiweiß mit einer Prise Salz und 50 g Zucker in den Mixtopf. Setz den Schmetterling auf die Klinge und schlag das Eiweiß 4 Minuten/ Stufe 4 auf. Füll anschließend den Eischnee in eine separate Schüssel um und stell diese in den Kühlschrank.

4. Verrühre nun im Mixtopf die Butter mit dem Vanillezucker, dem Puderzucker und der Zitronenschale 4 Minuten/ Stufe 3 und gib währenddessen die Eigelbe und den Rum durch die Deckelöffnung dazu.

5. Als Nächstes gibst du das Mehl, das Backpulver und die gemahlenen Mandeln dazu und rührst die Teigmischung 5 Minuten/ Stufe 4. Heize währenddessen den Backofen auf 175°C Ober-/Unterhitze vor und fette die Backform mit etwas Butter ein. Bestäub sie anschließend mit etwas Mehl.

6. Heb nun mit Hilfe des Spatels den Eischnee unter den Teig und verrühre ihn 1 Minute/ Stufe 1. Gieß die Hälfte des Teiges in die gefettete Backform und gib die Kuvertüremischung zu dem restlichen Teig in den Mixtopf. Rühre die Kuvertüre 1 Minute/ Stufe 2 in den Teig ein und verteile den Schokoladenteig in der Backform. Ziehe eine Gabel spiralförmig durch die Teigschichten, sodass eine Marmorierung entsteht.

7. Backe den Kuchen im vorgeheizten Backofen 70 Minuten/ 175°C Ober-/Unterhitze. Lass ihn anschließend 10 Minuten in der Form abkühlen und stürz ihn dann zum Auskühlen auf ein Kuchengitter. Bevor du ihn servierst, bestäub ihn nach Belieben mit Puderzucker.

1 Springform

1 h 5 Min.

mittel

TORTA MANDORLA

Zubereitungszeit: 20 Minuten
Backzeit: 45 Minuten, 160°C Umluft
Backutensilien: 1 Springform, Ø 20 cm

Zutaten
150 g Mandeln, gehäutet
140 g Mehl
25 g Speisestärke
2 TL Backpulver
1 Prise Salz
150 g Butter, weich
100 g Zucker
15 g Amaretto
5 Tropfen Mandelaroma
3 Eier, Größe M
50 g blanchierte Mandeln für die Dekoration

1. Heize zunächst den Backofen auf 160°C Umluft vor und bestreiche die Backform mit etwas Öl oder Butter.

2. Gib dann die Mandeln in den Mixtopf und zerkleinere sie 10 Sekunden/ Stufe 8.

3. Fülle nun das Mehl, die Stärke, das Backpulver, das Salz, die weiche Butter und den Zucker in den Mixtopf und vermische die Zutaten 10 Minuten/ Stufe 3. Anschließend Amaretto, Mandelaroma und die Eier hinzufügen und den Teig nochmals 2 Minuten/ Stufe 3 verrühren.

4. Fülle den Teig in die vorbereitete Form und streiche ihn glatt. Dekoriere nun die Oberfläche mit den blanchierten Mandeln, indem du sie kreisförmig anordnest und ganz leicht in den Teig drückst.

5. Gib jetzt die Torta in den Backofen und backe sie 45 Minuten/ 160°C Umluft. Kontrolliere den Kuchen nach 35 Minuten: Falls die Mandeln zu dunkel werden, solltest du den Kuchen für die letzten 15 Minuten mit Backpapier abdecken.

1 Backblech

50 Min.

leicht

PEKAN-PEAK

Zubereitungszeit: 20 Minuten
Backzeit: 30 Minuten, 180°C Umluft
Backutensilien: 1 tiefes Backblech, 33 x 21 cm oder 24 x 18 cm

Zutaten

- 100 g Pekannüsse
- 75 g Mandeln
- 300 g Äpfel, geschält und entkernt
- 200 g Möhren, geschält und in Stücken
- 300 g Zucker
- 4 Eier, Größe M
- 250 g Sonnenblumenöl
- 250 g Mehl
- ½ Päckchen Backpulver
- 1 Prise Salz
- 1 TL Zimt
- etwas Butter für die Form
- etwas Puderzucker zum Bestäuben

1. Als Erstes zerkleinerst du die Pekannüsse und die Mandeln im Mixtopf 8 Sekunden/ Stufe 6 und füllst sie in eine separate Schüssel. Heize den Backofen auf 180°C Umluft vor.

2. Zerkleinere nun die Apfelstücke im Mixtopf 4 Sekunden/ Stufe 5 und füll auch sie in eine separate Schüssel.

3. Gib die Möhrenstücke in den Mixtopf und zerkleinere sie 4 Sekunden/ Stufe 6. Gib sie anschließend zu den zerkleinerten Äpfeln.

4. Als Nächstes verrührst du im Mixtopf den Zucker, die Eier und das Öl 20 Sekunden/ Stufe 5 und gibst das Mehl, das Backpulver, das Salz und den Zimt hinzu. Verrühre alles 1 Minute/ Stufe 3.

5. Jetzt kannst du die zerkleinerten Nüsse, die Mandeln, Äpfel und Möhren dazugeben, mit Hilfe des Spatels unterheben und sie 20 Sekunden/ Linkslauf/ Stufe 4 in den Teig einrühren.

6. Fette das Backblech mit etwas Butter ein. Gieße den Teig in das Backblech und backe den Kuchen im Backofen auf mittlerer Schiene 30 Minuten/ 180°C Umluft. Lass den Kuchen anschließend abkühlen und bestäube ihn mit Puderzucker.

18 Muffinförmchen

45 Min.

leicht

WELT STEHT KOPF

Zubereitungszeit: 30 Minuten
Backzeit: 15 Minuten, 160°C Umluft
Backutensilien: ca. 18 Muffinförmchen aus Papier

Zutaten

Füllung:

- 250 g Frischkäse
- 250 g Quark
- 200 g Crème fraîche
- 3 EL Speisestärke
- 125 g Zucker

Teig:

- 200 g Zartbitterkuvertüre, in Stücken
- 250 g Butter, weich
- 200 g Zucker
- 1 Päckchen Vanillezucker
- 4 Eier, Größe M
- 350 g Mehl
- 90 g Milch
- 1 Päckchen Backpulver
- 15 g Kakaopulver zum Backen
- etwas Puderzucker zum Bestäuben

1. Als Erstes gibst du den Frischkäse, den Quark, die Crème fraîche, die Speisestärke und den Zucker in den Mixtopf und verrührst die Mischung 3 Minuten/ Stufe 5. Füll die Masse in eine separate Schüssel und reinige den Mixtopf.

2. Heize den Backofen schon mal auf 160°C Umluft vor und stell die Muffinförmchen auf das Backblech.

3. Zerkleinere für den Teig die Kuvertüre im Mixtopf 10 Sekunden/ Stufe 8, füg die Butter hinzu und schmelze die Schokolade 4 Minuten/ 60°C/ Stufe 2. Gib den Zucker, den Vanillezucker und die Eier hinzu und verrühre die Mischung 6 Minuten/ 37°C/ Stufe 2. Jetzt gibst du auch das Mehl, die Milch, das Backpulver und den Kakao in den Mixtopf und verrührst alles 1 Minute/ Stufe 5 zu einem Teig.

4. Befülle die Muffinförmchen jeweils mit einem Esslöffel des Schokoladenteiges und forme mit dem Löffel eine Mulde in die Mitte des Teiges. Gib in die Mulde jeweils einen Esslöffel von der Käse-Quark-Mischung hinein und befülle die Muffinförmchen zum Abschluss nochmal mit dem Schokoladenteig.

5. Backe die Muffins im vorgeheizten Backofen 15 Minuten/ 160°C Umluft. Lass die Muffins auf einem Kuchengitter abkühlen und bestreu sie dann mit Puderzucker.

BISKUIT

„Kein Kuchen ist auch keine Lösung!"

1 Springform

mind. 6 h

schwer

SCHWARZWÄLDER KIRSCHTORTE

Zubereitungszeit: 40 Minuten
Ruhezeit: mind. 4 Stunden
Backzeit: 50 Minuten, 200°C/170°C Ober-/Unterhitze
Backutensilien: 1 Springform, Ø 26 cm

Zutaten

Biskuitteig:

7 Eier, Größe M
200 g Zucker
1 Prise Salz
100 g Mehl
100 g Speisestärke
20 g Kakaopulver zum Backen

Mürbeteig:

50 g Zucker
100 g Butter, zimmerwarm
150 g Mehl
1 Ei, Größe M

Füllung:

2 Gläser Kirschen (Abtropfgewicht: 700 g)
20 g Zucker
1 Messerspitze Zimt
2 Päckchen Tortenguss
1200 g Schlagsahne, kalt
30 g Zucker
6 Päckchen Sahnesteif
300 g Kirschmarmelade
50 g Kirschwasser

Schokoraspel zartbitter für die Dekoration

1. Zuerst heizt du den Backofen auf 170°C Ober-/ Unterhitze vor.

2. Dann bereitest du den Biskuitboden zu. Hierfür setzt du den Schmetterling in den Mixtopf ein und schlägst die Eier mit dem Zucker und der Prise Salz 4 Minuten/ Stufe 4 auf.

3. Fülle die Masse in eine Schüssel und hebe das Mehl, die Speisestärke und das Kakaopulver behutsam unter. Danach den Teig in eine gefettete Springform geben. Den Biskuit auf der mittleren Schiene des Ofens 40 Minuten/ 170°C Ober-/Unterhitze backen. Nach dem Backen auf ein Kuchengitter stürzen und abkühlen lassen.

Fortsetzung Seite 74

Fortsetzung

SCHWARZWÄLDER KIRSCHTORTE

4. Nun bereitest du den Mürbeteig zu. Heize den Backofen auf 200°C Ober-/Unterhitze vor. Gebe Zucker, Butter, Mehl und Ei in den Mixtopf und knete alles 30 Sekunden/ Stufe 4 zu einem Teig.

5. Gib den Mürbeteig in eine gefettete Springform und drücke ihn glatt. Steche ihn mehrmals mit einer Gabel ein, damit sich der Boden während des Backvorgangs nicht wölbt. Backe den Mürbeteigboden auf der mittleren Schiene im Backofen 10 Minuten/ 200°C Ober-/Unterhitze. Lasse ihn danach vollständig auskühlen.

6. Jetzt die Kirschen in einem Sieb abtropfen lassen und den Saft auffangen. Gieße den Saft in den Mixtopf. Füge Zucker, Zimt und Tortenguss hinzu und koche alles 6 Minuten/ 100°C/ Stufe 3. Lege 10 der Kirschen für die spätere Dekoration beiseite. Rühre die anderen Kirschen 15 Sekunden/ Linkslauf/ Stufe 3 unter. Nun gießt du die Kirschmasse in eine Schüssel, reinigst gründlich den Mixtopf, wäschst ihn kalt aus und trocknest ihn gut ab.

7. Nun steckst du den Schmetterling in den Mixtopf, gießt die Sahne hinein und schlägst sie unter Beobachtung bei Stufe 3 auf, bis sie steif ist. Nach 20 Sekunden lässt du den Zucker und die Päckchen Sahnesteif hineinrieseln.

8. Als Nächstes teilst du den Biskuitboden in drei Böden. Danach bestreichst du den gebackenen Mürbeteigboden mit Marmelade und legst hierauf den ersten Biskuitboden. Tränke ihn vorsichtig mit Kirschwasser und bestreiche ihn mit der Hälfte der Kirschmasse. Bestreiche das Ganze noch mit etwas Sahne.

9. Lege den zweiten Biskuitboden darauf und wiederhole den Vorgang. Am Ende muss der letzte Biskuitboden oben liegen.

10. Nun kannst du die Torte komplett mit Sahne bestreichen. Mit einem Teil der Sahne kannst du mit Hilfe eines Spritzbeutels die Torte verzieren. Wenn du die leichtere Variante bevorzugst, nimm fertige Baisertropfen.

11. Zum Schluss setzt du noch die zur Seite gestellten Kirschen auf die Torte und bestreust sie mit Schokoraspeln. Stell die Torte bis zum Servieren kalt.

1 Backblech

8 h

schwer

MOKKA-TORTE

Zubereitungszeit: 40 Minuten
Ruhezeit: 7 Stunden
Backzeit: 20 Minuten, 180°C Ober-/Unterhitze
Backutensilien: 1 Salatschale, ca. Ø 24 cm, Backblech, Backpapier, Frischhaltefolie

Zutaten

Teig:

- 6 Eier, Größe M
- 120 g Zucker
- 1 Prise Salz
- 160 g Mehl

Tränke:

- 20 g brauner Rum
- 70 g Mokkalikör

Füllung:

- 12 Blatt Gelatine, weiß
- etwas Wasser zum Einweichen
- 600 g Sahne, gekühlt
- 200 g Milch
- 120 g Zucker
- 100 g Espresso, stark
- 120 g Baisertupfen

Dekoration:

- 150 g Zartbitterkuvertüre, in Stücken
- 70 g Sahne
- 1 EL Rum
- 50 g Butter, weich

1. Heize den Backofen auf 180°C Ober-/Unterhitze vor. Zeichne auf einem Bogen Backpapier einen Kreis mit dem Durchmesser der Schüssel, die du für die Zubereitung der Torte verwenden wirst, und leg den Bogen mit der Aufschrift nach unten auf ein Backblech.

2. Gib nun für den Biskuit die Eier in den Mixtopf und rühre sie 2 Minuten/ Stufe 3 schaumig auf. Füg als Nächstes den Zucker, das Salz und das Mehl hinzu und verrühre erneut den Teig 3 Minuten/ Stufe 5.

3. Streiche nun 7 EL des Teiges auf die Backpapier-Schablone und backe den Kreis im vorgeheizten Backofen 10 Minuten/ 180°C Ober-/Unterhitze goldbraun.

4. Währenddessen belegst du ein zweites Backblech mit Backpapier und bestreichst dieses mit dem restlichen Teig zu einer Platte. Backe auch diese im Anschluss an den Biskuitkreis im Backofen 10 Minuten goldbraun.

5. Leg die Salatschale mit Frischhaltefolie aus und schneide die abgekühlte Platte quer bis zur Hälfte durch. Diese legst du mit der gebackenen Seite nach oben in die Schüssel und schneidest die überlappenden Stücke ab.

Fortsetzung und Abbildung Seite 76

Fortsetzung

MOKKA-TORTE

6. Bereite nun die Mokkatränke vor. Dafür verrührst du in einem Schälchen den Rum mit dem Mokkalikör und bestreichst damit den Biskuit in der Schüssel. Achte darauf, dass du etwa 1/4 der Tränke für den Biskuitkreis zurückhältst.

7. Für die Mokkacreme legst du die Gelatineblätter in eine Schüssel und bedeckst sie mit reichlich Wasser. Lass sie 5 Minuten darin einweichen. Schlag währenddessen 400 g der Sahne im gereinigten Mixtopf auf. Dafür setzt du den Schmetterling auf die Klinge und lässt die Sahne unter Beobachtung auf Stufe 3 aufschlagen. Füll die geschlagene Sahne in eine separate Schüssel um und stell diese bis zu ihrer Weiterverarbeitung in den Kühlschrank.

8. Gieß als Nächstes die Milch, den Zucker und die restlichen 200 g Sahne in den Mixtopf und lass sie 5 Minuten/ 90°C/ Stufe 1 aufkochen. Drück die eingeweichte Gelatine aus und gib sie und den Espresso in den Mixtopf und rühre erneut 5 Minuten/ 90°C/ Stufe 2.

9. Gieß die Mokka-Mischung in eine separate Schüssel um und leg sie in ein kaltes Wasserbad. Während die Mischung abkühlt, rührst du sie zwischendurch um und schneidest die Baisertupfen in grobe Stücke. Wenn die Mokkamischung anfängt zu gelieren, rührst du mit dem Spatel die geschlagene Sahne und die Baiserstücke unter.

10. Füll die Mokkacreme in die mit Biskuit ausgelegte Schüssel und streich sie glatt. Bestreiche den Biskuitkreis mit der restlichen Mokkatränke, leg ihn auf die Mokkacreme und drück ihn gut an. Stell die Torte anschließend 7 Stunden in den Kühlschrank.

11. Für die Dekoration der Torte zerkleinerst du im Mixtopf die Kuvertüre 8 Sekunden/ Stufe 8, schiebst die Schokoladenstücke mit dem Spatel nach unten und schmilzt sie 2 Minuten/ 50°C/ Stufe 1. Füg die Sahne, den Rum und die Butter hinzu und verrühre alles 1 Minute/ Stufe 2. Verziere mit der Schokoladencreme die Torte nach Belieben, zum Beispiel mit einem Linienmuster, und dekoriere sie mit Baisertupfen.

1 Springform

4 h 10 Min.

leicht

JA, WO IST DENN DIE KÄSESAHNE?

Zubereitungszeit: 20 Minuten
Ruhezeit: 3 Stunden
Backzeit: 50 Minuten, 200°C Ober-/Unterhitze
Backutensilien: 1 Springform, Ø 26 cm, feine Reibe, Zitronenpresse, Tortenring

Zutaten

Teig:

- abgeriebene Schale und Saft einer Bio-Zitrone
- 120 g Orangensaft
- 4 Eier, Größe M
- 250 g Zucker
- 200 g Sonnenblumenöl
- 300 g Mehl
- 1 Päckchen Backpulver
- etwas Butter für die Form
- 5 g Semmelbrösel für die Form

Füllung:

- 12 Blatt Gelatine
- 500 g Quark
- 180 g Zucker
- 250 g Milch
- abgeriebene Schale und Saft einer Bio-Zitrone
- 400 g Sahne, gekühlt

- etwas Puderzucker zum Bestäuben

1. Heize als Erstes den Backofen auf 200°C Ober-/Unterhitze vor, fette die Backform mit etwas Butter ein und bestreu sie mit den Semmelbröseln. Wasche anschließend die Zitrone unter heißem Wasser, trockne sie ab und reibe die Schale in ein Schälchen. Presse den Saft in ein separates Schälchen.

2. Gib für den Teig den Zitronen- und Orangensaft, die Eier, den Zucker, die Zitronenschale und das Öl in den Mixtopf und verrühre alles 2 Minuten/ Stufe 2. Füg nun auch das Mehl und das Backpulver dazu und vermische alles 4 Minuten/ Stufe 4. Gieß den Teig gleichmäßig in die Form und backe den Kuchen im vorgeheizten Backofen 50 Minuten/ 200°C Ober-/

Unterhitze. Lass ihn anschließend auf einem Kuchenrost auskühlen und reinige den Mixtopf.

3. Leg die Gelatineblätter in eine Schüssel und bedecke sie mit Wasser. Lass sie darin 5 Minuten einweichen. Schneide nun den Kuchen quer durch und stell den Tortenring um den unteren Boden.

4. Für die Füllung verrührst du im Mixtopf den Quark mit dem Zucker, der Milch und der Zitronenschale 2 Minuten/ Stufe 3.

5. Währenddessen erhitzt du in einem Topf den Zitronensaft und löst darin die ausgedrückten Gelatineblätter auf. Verrühre die Quarkmasse erneut ohne Zeiteinstellung auf Stufe 3 und gib nach und nach die aufgelöste Gelatine durch die Deckelöffnung dazu. Füll die Quarkmasse in eine separate Schüssel und stell diese für 30 Minuten in den Kühlschrank.

6. Setz den Schmetterling auf die Klinge und gieß die Sahne in den Mixtopf. Schlag die Sahne nun unter Beobachtung auf Stufe 3 steif. Heb die geschlagene Sahne mit dem Spatel unter die Quarkmasse und verteile die Quarkcreme gleichmäßig auf dem unteren Tortenboden. Leg den oberen Tortenboden auf die Quarkcreme und stell die Torte für 2 1/2 Stunden in den Kühlschrank. Bevor du die Torte servierst, entfernst du den Tortenring und bestäubst die Torte mit reichlich Puderzucker.

1 Springform | mind. 25 h | mittel

ST. PATRICK'S TIPSY WHISKEY CAKE

Zubereitungszeit: 50 Minuten
Ruhezeit: 24 Stunden
Backzeit: 20 Minuten, 180°C Umluft
Backutensilien: 1 Springform, Ø 26 cm, Tortenring

Zutaten

Teig:

6 Eier, Größe M

150 g Zucker

1 Prise Salz

170 g Mehl

Butter zum Einfetten des Tortenrings

Füllung:

6 Blatt Gelatine

300 g kalter Kaffee

75 g Rohrzucker

100 g Kaffeesahne

30 g Whiskey, z.B. Jack Daniel's

400 g Sahne

2 EL Schokoladensauce (FP)

1 TL Vanillezucker

Schokoladenherzen als Deko

1. Zunächst heizt du den Backofen auf 180°C Umluft vor und fettest deine Backform ein.

2. Dann setzt du den Schmetterling in den Mixtopf ein, gibst Eier, Zucker und Salz hinzu und schlägst die Zutaten 6 Minuten/ 38°C/ Stufe 4 auf. Anschließend wird die Masse noch einmal 6 Minuten/ Stufe 4 kalt geschlagen.

3. Jetzt musst du das Mehl gleichmäßig hinzugeben und 6 Sekunden/ Stufe 3 verrühren.

4. Entferne den Schmetterling und hebe mit dem Spatel das Mehl, das am Rand kleben geblieben ist, noch einmal vorsichtig unter den Teig.

5. Fülle den Biskuitteig nun in eine gefettete Springform mit 26 cm Ø und backe ihn 20 Minuten/ 180°C Umluft im Backofen. Lass den Boden auf einem Kuchengitter auskühlen und stelle ihn über Nacht kalt.

6. Am nächsten Tag lässt du als Erstes die Gelatine in kaltem Wasser einweichen. Außerdem gibst du den Kaffee zusammen mit dem Rohrzucker und der Kaffeesahne in den Mixtopf und kochst die Mischung 2 Minuten/ 80°C/ Stufe 2, bis sich der Zucker aufgelöst hat.

7. Dann drückst du die Gelatine aus und gibst sie zusammen mit 20 g Whiskey zu der Kaffee-Sahne-Mischung in den Mixtopf. Rühre die beiden Zutaten 1 Minute/ Stufe 2 unter, bis sich die Gelatine vollständig aufgelöst hat.

8. Danach stellst du die Kaffee-Sahne-Mischung für mindestens 1,5 Stunden kalt.

9. Nach Ablauf der Kühlzeit setzt du den Schmetterling ein, schlägst 200 g Sahne auf Stufe 3 unter Beobachtung steif und hebst sie unter die gelierende Kaffee-Creme.

10. Verrühre den restlichen Whiskey mit der Schokoladensauce in einer separaten Schüssel und bestreiche dann den Biskuitboden mit einem Silikonpinsel. Umschließe ihn anschließend mit einem Tortenring und verteile die Kaffee-Creme darauf. Stelle die Torte für mindestens drei Stunden in den Kühlschrank.

11. Schlage vor dem Servieren die restliche Sahne unter Beobachtung im Mixtopf auf Stufe 3 steif und verteile sie auf der Torte. Danach kannst du den Kuchen noch mit Schokoherzen dekorieren.

1 Obst-kuchenform

3 h 40 Min.

leicht

SCHAUMKUSS-TORTE BLACK KISS

Zubereitungszeit: 10 Minuten
Ruhezeit: 3 Stunden
Backzeit: 30 Minuten, 200°C Ober-/Unterhitze
Backutensilien: 1 Obstkuchenform, Ø 28 cm, Tortenring

Zutaten

Teig:

- 100 g Butter
- 75 g Zucker
- 1 Päckchen Vanillezucker
- 1 Prise Salz
- 2 Eier, Größe M
- 70 g Milch
- 150 g Mehl
- 5 g Backpulver

Füllung:

- 400 g Schlagsahne, kalt
- 2 Päckchen Vanillezucker
- 500 g Magerquark
- 12 Schokoküsse

1. Heiz den Backofen auf 200°C Ober-/Unterhitze vor.

2. Gib Butter, Zucker, Vanillezucker, Salz, Eier und Milch in den Mixtopf und verrühre sie 30 Sekunden/ Stufe 3. Ergänze die Zutaten durch das Mehl und das Backpulver und rühre den Teig erneut 30 Sekunden/ Stufe 3 durch. Fülle den Teig in eine gefettete Obstkuchenform und lass ihn 30 Minuten/ 200°C Ober-/ Unterhitze backen. Lasse ihn dann vollständig auskühlen.

3. Anschließend den Mixtopf gründlich reinigen, kalt ausspülen und gut abtrocknen. Schlage nun die Sahne mit dem Vanillezucker 50 Sekunden/ Stufe 3 steif. Fülle die Vanillesahne in eine separate Schüssel um und stelle sie in den Kühlschrank. Reinige den Mixtopf erneut.

4. Fülle den Quark in den Mixtopf. Entferne die Waffeln von den Schokoküssen und lege sie zur Seite für die spätere Dekoration. Die Schokoküsse kommen dann zum Quark in den Mixtopf. Mixe alles 15 Sekunden/ Stufe 5. Eventuell müssen die Schokoküsse aufgrund der klebrigen Konsistenz mit dem Spatel nach unten geschoben werden. Wiederhole den Mixvorgang 15 Sekunden/ Stufe 5.

5. Anschließend hebst du die Sahne mit einem Kochlöffel unter. Setzte auf den Teig einen Tortenring, verteile die fertige Creme auf dem Kuchenboden und streiche sie glatt. Daraufhin die Torte 3 Stunden kühl stellen.

6. Vor dem Servieren die Torte mit den Waffeln verzieren.

mixtipp
Wenn es einmal schnell gehen soll, kannst du natürlich auch auf einen fertigen Biskuit-boden zurückgreifen!

1 Springform

mind. 7 h

mittel

MALAKOFF-TORTE

Zubereitungszeit: 50 Minuten
Ruhezeit: 5-6 Stunden
Backzeit: keine
Backutensilien: flache Schale, 1 Springform, Ø 26 cm, Alufolie, Backpapier, Backpalette oder großes Messer

Zutaten
ca. 60 Löffelbiskuits
500 g Weißwein
160 g Mandeln
300 g Butter, weich
1 Eigelb, Größe M
1 Prise Salz
150 g Zucker
25 g Rum
200 g Schlagsahne, kalt
1 Päckchen Sahnesteif

1. Lege als Erstes 50 Löffelbiskuits in eine flache Schale oder auf ein Tablett, benetzte sie mit dem Weißwein und lass sie mindestens 20 Minuten durchziehen. Lass 10 Stück der Löffelbiskuits ungetränkt für die Abschlussdekoration.

2. Kleide dann die Springform komplett mit Alufolie aus. Bedecke zuerst den Boden mit einem entsprechend großen Stück und stelle den Ring fest. Kleide danach den Rand aus und klappe den Rest der Folie oben einfach um.

3. Gib nun die Mandeln in den Mixtopf und mahle sie 10 Sekunden/ Stufe 8 klein. Gib danach die weiche, zimmerwarme Butter, das Eigelb, Salz, Zucker und den Rum in den Mixtopf und vermische die Zutaten 4 Minuten/ 50°C/ Stufe 3 zu einer Creme. Schlage die Creme zum Schluss noch einmal 10 Sekunden/ Stufe 4 auf.

4. Lege nun den Boden der Springform mit den getränkten Biskuits aus. Eventuell musst du dazu einige Biskuits halbieren oder noch kleiner brechen, um die gesamte Fläche zu bedecken.
Gib nun etwas von der Buttercreme auf die Löffelbiskuit-Schicht, sodass diese gut bedeckt ist. Lege dann eine zweite Lage Biskuits obenauf. Die zweite Schicht muss nicht die ganze Fläche bedecken, sondern kann größere Lücken aufweisen. Streiche darüber den Rest der Buttercreme und schließe die Torte mit einer letzten Lage Biskuits ab. Lass den Kuchen nun mindestens 3 Stunden im Kühlschrank durchziehen.

5. Wasche und reinige den Mixtopf und spüle ihn gut mit kaltem Wasser aus. Trockne den Topf mit Küchenpapier ab und setze den Schmetterling auf. Fülle dann die Sahne zusammen mit dem Sahnesteif ein und

schlage sie auf Stufe 3 unter Beobachtung steif. Hol den Kuchen aus dem Kühlschrank, löse vorsichtig den Rand der Springform und die Folienverkleidung. Bestreiche die Torte mit Hilfe einer Palette komplett mit der Sahne und setze die letzten Biskuits zur Dekoration oben drauf. Lass die Torte nun nochmals mindestens 1 weitere Stunde im Kühlschrank durchziehen.

1 Backblech
8-10 Stück

mind. 5 h

mittel

PRINCESS-ROLLE

Zubereitungszeit: 60 Minuten
Ruhezeit: 3-4 Stunden
Backzeit: ca. 15 Minuten, 200°C Ober-/Unterhitze
Backutensilien: 1 Backblech oder 1 Silikonbackmatte für Biskuitrollen, Geschirrtuch, Sieb

Zutaten

Teig:

- 4 Eigelb, Größe M
- 30 g lauwarmes Wasser
- 125 g Zucker
- 1 Päckchen Vanillezucker
- 4 Eiweiß, Größe M
- 75 g Mehl
- 1 Msp. Backpulver
- 50 g Speisestärke

Füllung:

- 500 g Himbeeren, TK
- 600 g Sahne, haltbar, 30% Fett, gekühlt
- 1 Packung Gelatine Fix (2 Beutel)
- 70 g Puderzucker
- ½ Päckchen Sahnesteif

1. Zunächst heizt du den Backofen auf 200°C Ober-/Unterhitze vor, legst dein Backblech mit Backpapier aus und knickst die Ränder nach oben, sodass der Teig, wenn er später eingefüllt wird, nicht auslaufen kann. Wenn du eine hast, kannst du natürlich auch eine Silikonbackmatte für Biskuitrollen nutzen.

2. Außerdem nimmst du die Himbeeren aus dem Gefrierfach und füllst sie in ein Sieb zum Auftauen. Lege 8 Himbeeren separat zur Seite, die benötigst du nachher für die Dekoration.

3. Setze den Schmetterling ein, gib die Eigelbe mit dem Wasser in den Mixtopf und schlage die Eigelbmasse 4 Minuten/ 38°C/ Stufe 4 schaumig.

4. Anschließend gibst du den Zucker zusammen mit dem Vanillezucker hinzu und lässt die Masse weitere 4 Minuten/ Stufe 4 kalt zu einer cremigen Masse schlagen. Danach füllst du die Creme in eine Schüssel um, reinigst den Mixtopf, spülst ihn mit kaltem Wasser aus und trocknest ihn gründlich ab.

5. Jetzt schlägst du das Eiweiß 4 Minuten/ Stufe 4 zu Eischnee, gibst ihn zu der Zucker-Ei-Masse in die Schüssel und vermengst beide Massen vorsichtig mit Hilfe des Spatels.

6. Anschließend siebst du das Mehl zusammen mit dem Backpulver und der Speisestärke auf den Teig und hebst es vorsichtig mit einem Schneebesen unter die Masse.

7. Jetzt füllst du den Teig gleichmäßig auf dein Backblech oder die Backmatte für Biskuitrollen und backst den Boden unter Beobachtung ca. 15 Minuten/ 200°C Ober-/Unterhitze im Backofen. Achte darauf, dass der Boden nicht zu dunkel wird, da er ansonsten beim Einrollen brechen könnte.

8. Den Biskuit sofort nach dem Backen auf ein sauberes Geschirrtuch stürzen, das Backpapier abziehen und den Teig mit dem Geschirrtuch an der schmalen Seite einrollen. Eingerollt 2-3 Stunden abkühlen lassen. So hat der Teig die gewünschte, gerollte Form und bricht später beim Zusammenrollen nicht auseinander.

9. Nach der Abkühlzeit setzt du wieder den Schmetterling in den sauberen Mixtopf ein und schlägst 500 g kalte Sahne mit dem Gelatine Fix auf Stufe 3 unter Beobachtung steif.

10. Lass den Schmetterling eingesetzt, siebe den Puderzucker in die Sahne und rühr ihn 20 Sekunden/ Stufe 3 unter.

11. Anschließend fügst du die Himbeeren zur Sahne hinzu und rührst sie wieder mit dem Schmetterling 15 Sekunden/ Stufe 1/ Linkslauf unter.

12. Jetzt füllst du die Sahnemischung in die Biskuitrolle, indem du den Teig ausrollst, die Masse auf einer Seite einfüllst und den Boden wieder einrollst. Das, was an den Seiten herausquillt, schiebst du mit Hilfe eines Spatels wieder in die Rolle hinein und legst sie so auf eine längliche Kuchenplatte, dass die Abschlusskante unten liegt.

13. Schlage nun die restlichen 100 g Sahne mit Sahnesteif auf Stufe 3 unter Beobachtung steif und streiche die Biskuitrolle komplett mit der Sahne ein. Lege die Himbeeren hintereinander oben auf die Rolle und stelle sie für mindestens 1 Stunde in den Kühlschrank.

mixtipp

Wenn du möchtest, kannst du auch frische Himbeeren oder Erdbeeren verwenden. Dann brauchst du für die Sahne nur 1,5 Beutel Gelatine Fix.

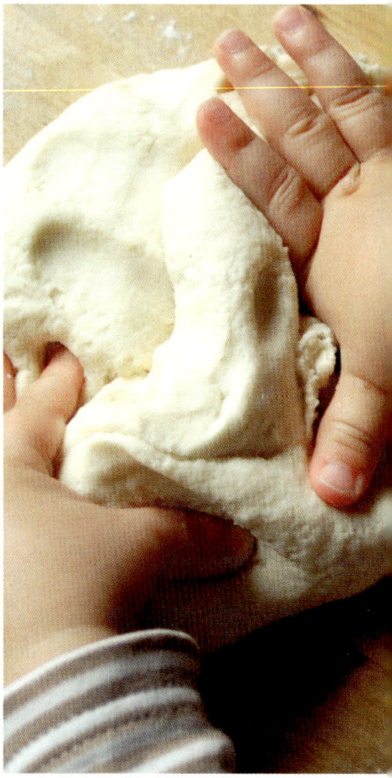

HEFETEIG

„Kuchen löst keine Probleme. Aber das macht ein Apfel ja auch nicht.“

1 Gugelhupf-form

2 h 10 Min.

leicht

WALNUSS-GUGELHUPF

Zubereitungszeit: 25 Minuten
Ruhezeit: 45 Minuten
Backzeit: 1 Stunde, 180°C Ober-/Unterhitze
Backutensilien: 1 Gugelhupf-form, Ø 24 cm, Pfanne

Zutaten
100 g frischer Ingwer
125 g Walnusskerne
125 g Mandeln
200 g Butter
125 g Zucker
1 Würfel Hefe (42g)
125 g Milch
500 g Mehl
1 Prise Salz
3 Eier, Größe M

1. Zuerst heizt du den Backofen auf 180°C Ober-/Unterhitze vor.

2. Dann schälst du den frischen Ingwer und zerkleinerst ihn 7 Sekunden/ Stufe 7 im Mixtopf und füllst ihn in eine Schüssel um. Zerkleinere auch die Walnüsse und Mandeln 8 Sekunden/ Stufe 8 und fülle die Nussmischung in eine separate Schüssel. Reinige den Mixtopf, indem du ihn kurz auswäschst.

3. Dann zerlässt du Butter und Zucker in einer Pfanne und karamellisierst die Nüsse und Mandeln unter stetigem Wenden. Mische den Ingwer unter und erhitze ihn kurz mit. Stelle anschließend die Pfanne beiseite und lass die Ingwer-Nuss-Mischung abkühlen.

4. Jetzt zerbröselst du den Hefewürfel in den Mixtopf und löst ihn mit 50 g Milch 2 Minuten/ 37°C/ Stufe 2 auf. Dann fügst du das Mehl, Salz, 3 Eier, die restliche Milch und die Ingwer-Nuss-Mischung in den Mixtopf hinzu und knetest die Zutaten 5 Minuten/ Knetstufe zu einem glatten Teig. Danach lässt du den Teig 45 Minuten an einem warmen Ort zugedeckt gehen.

5. Nach Ablauf der Ruhezeit füllst du den Teig in eine gründlich eingefettete Gugelhupf-Backform und backst den Kuchen 50-60 Minuten/ 180°C Ober-/Unterhitze.

6. Vor dem Servieren lässt du den Gugelhupf etwas abkühlen und bestreust ihn mit Puderzucker.

1 Backblech

1 h 15 Min.

leicht

SUGARSHAKE

Zubereitungszeit: 10 Minuten
Ruhezeit: 50 Minuten
Backzeit: 15 Minuten, 180°C Umluft
Backutensilien: 1 Backblech, Backpapier

Zutaten

Teig:

- 1 Würfel Hefe (42 g)
- 200 g Milch, lauwarm
- 75 g Zucker
- 85 g Butter, weich
- 1 Prise Salz
- 500 g Mehl
- 1 Ei, Größe M

Füllung:

- 150 g Butter, kalt, in Flocken
- 100 g Zucker
- 100 g Mandelblätter

1. Lös als Erstes die Hefe im Mixtopf auf. Dafür zerbröselst du den Hefewürfel in den Mixtopf, gibst 3 EL von der lauwarmen Milch und 1 TL Zucker hinzu und verrührst alles 2 Minuten/ 37°C/ Stufe 2.

2. Gib jetzt auch die Butter, den restlichen Zucker, das Salz, das Mehl, das Ei und die restliche Milch in den Mixtopf dazu und vermische alles 5 Minuten/ Teigknetstufe.

3. Füll den Teig in eine bemehlte separate Schüssel und bedecke ihn mit einem Küchentuch. Lass ihn 30 Minuten an einem warmen Ort gehen.

4. Heize den Backofen schon mal auf 180°C Umluft vor.

5. Rolle den Teig nach der Gehzeit auf einem Backpapierbogen aus und leg diesen auf das Backblech.

6. Drücke in regelmäßigen Abständen mit dem Zeigefinger kleine Mulden in den Teig und verteile die Butterflöckchen darauf. Bestreu den Teig mit Zucker und den Mandelblättchen und lass ihn weitere 20 Minuten an einem windgeschützten Ort gehen.

7. Backe den Kuchen nun 15 Minuten/ 180°C Umluft.

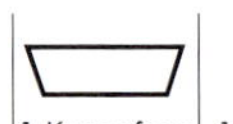
1 Kastenform

1 h 35 Min.

leicht

WITWENTRÖSTER

Zubereitungszeit: 15 Minuten
Ruhezeit: 30 Minuten
Backzeit: 50 Minuten, 180°C Umluft
Backutensilien: 1 Kastenform, runde Schüssel

Zutaten

- 300 g Hefezopf
- 150 g Weißwein
- 300 g Kirschen, entsteint, alternativ aus dem Glas
- 50 g Kirschwasser
- 4 Eier, Größe M
- 150 g Butter, weich
- 120 g Zucker
- ½ TL Zimt
- 100 g Mandelstifte
- etwas Butter für die Form
- 5 g Semmelbrösel

1. Schneide den Hefezopf in kleine Würfel und füll die Würfel in eine Schüssel. Begieße die Würfel mit dem Weißwein und lass sie 30 Minuten ziehen.

2. Füll die Kirschen in eine Schüssel und übergieß sie mit dem Kirschwasser. Lass sie ebenfalls ziehen. Heize anschließend den Backofen schon mal auf 180°C Umluft vor.

3. Für den Teig trennst du die Eier und gibst die Eiweiße in den Mixtopf. Die Eigelbe füllst du in eine separate Schüssel. Setz den Schmetterling auf die Klinge und schlag das Eiweiß 4 Minuten/ Stufe 4 auf. Füll den Eischnee in eine separate Schüssel um und stell diese zur Kühlung in den Kühlschrank.

4. Gib als Nächstes die Butter, den Zucker, den Zimt und die Eigelbe in den Mixtopf und verrühre alles 2 Minuten/ Stufe 4.

5. Füg jetzt auch die Mandelstifte, den Eischnee, die eingelegten Hefezopfwürfel und die Kirschen hinzu und rühre sie kurz mit dem Spatel unter die Mischung. Verrühre dann die Mischung noch mal 10 Sekunden/ Linkslauf/ Stufe 1.

6. Fette die Backform ein und bestreu sie mit den Semmelbröseln. Jetzt kannst du die Teigmischung gleichmäßig in die Form verteilen und sie im vorgeheizten Backofen 50 Minuten/ 180°C Umluft ausbacken.

KEKSKRÜMELTEIG UND BODENLOSE VERSUCHUNG

„Ein Treffen ohne Kuchen ist nur ein Meeting."

1 Springform

1 h

leicht

FLAN À LA VANILLE

Zubereitungszeit: 15 Minuten
Backzeit: 45 Minuten, 175°C Umluft
Backutensilien: 1 Springform, Ø 26 cm, Pfanne

Zutaten
10 g Butter
120 g Butterschmalz
100 g Mandelblättchen
8 Eier, Größe M
1 Prise Salz
180 g Zucker
1 Päckchen Vanillezucker
100 g Quark
200 g Mehl
etwas Puderzucker zum Bestreuen

1. Heize zunächst deinen Backofen auf 175°C Umluft vor und fette die Springform mit der Butter ein.

2. Nimm 20 g Butterschmalz und erhitze es in einer Pfanne. Gib dann die Mandelblättchen dazu und lasse sie vorsichtig im heißen Fett goldbraun anrösten.

3. Trenne nun die Eier und schlage zunächst das Eiweiß im Mixtopf mit einer Prise Salz 4 Minuten/ Stufe 4 steif. Fülle den Eischnee in eine separate Schüssel und stell diese bis zur Weiterverarbeitung in den Kühlschrank.

4. Setze den Schmetterling auf, gib die Eigelb zusammen mit dem Zucker und dem Vanillezucker in den Mixtopf und rühre die Mischung 2 Minuten/ Stufe 3 schaumig. Schmelz in der Zwischenzeit die restlichen 100 g Butterschmalz (z. B. in der Mikrowelle, 1 Minute/ 360 Watt) und gib das warme Butterschmalz zusammen mit dem Quark in den Mixtopf. Mische den Teig 30 Sekunden/ Stufe 3, bis du eine homogene Masse erhältst.

5. Siebe das Mehl und gib es zu den anderen Zutaten in den Mixtopf. Vermenge die Masse weitere 20 Sekunden/ Stufe 3, bis das Mehl vollständig untergearbeitet ist (notfalls verlängerst du den Vorgang um ein paar Sekunden).

6. Gib jetzt noch den Eischnee dazu und hebe ihn vorsichtig 10 Sekunden/ Stufe 1 unter. Falls noch nicht alles vollständig vermischt ist, nimm im Anschluss den Spatel und vermenge den Teig nochmals damit.

7. Fülle den Teig in die vorbereitete Form und gib zum Schluss die gebräunten Mandeln auf die Teigmasse.

8. Backe den Kuchen 45 Minuten/ 175°C Umluft im Backofen. Nach dem Backen kannst du den Kuchen noch mit Puderzucker bestreuen.

12 Muffinförmchen

35 Min.

leicht

PASTÉIS DE NATA

Zubereitungszeit: 20 Minuten
Backzeit: 15 Minuten,
200°C Ober-/Unterhitze
Backutensilien: 12 Muffinförmchen aus Papier, feine Reibe

Zutaten
1 Bio-Zitrone
200 g Sahne
80 g Zucker
Mark einer Vanilleschote
1 TL Zimtpulver
30 g Speisestärke
5 Eigelbe, Größe M
270 g Blätterteigrolle, Fertigprodukt aus dem Kühlregal

1. Wasche die Zitrone unter heißem Wasser, trockne sie und reibe die Schale in den Mixtopf. Verrühre sie mit der Sahne, dem Zucker, dem Vanillemark, dem Zimt, der Speisestärke und den Eigelben 1 Minute/ Stufe 3. Erhitze die Mischung anschließend 15 Minuten/ 90°C/ Stufe 2.

2. Heize währenddessen den Backofen auf 200°C Ober-/Unterhitze vor und roll die Blätterteigrolle aus. Steche 12 Kreise aus dem Blätterteig aus und leg diese in Papier-Backförmchen für Muffins.

3. Lass die Füllung 5 Minuten abkühlen und befüll die Förmchen bis unter den Blätterteigrand.

4. Backe die Pastéis nun im Backofen 15 Minuten/ 200°C Ober-/Unterhitze und lass sie anschließend auf einem Rost abkühlen.

8 Gläser

25 Min.

leicht

CHEESECAKE IM GLAS

Zubereitungszeit: 15 Minuten
Backzeit: 10 Minuten,
180°C Ober-/Unterhitze
Backutensilien: 1 Backblech, 8 Gläser zum Servieren, feine Reibe, Zitronenpresse

Zutaten
Boden:
150 g Butterkekse
90 g Butter, weich
40 g Zucker
30 g Mehl
½ TL Backpulver
5 g Vanillezucker
etwas Butter für die Backform

Füllung:
1 Bio-Zitrone
250 g Sahne, gekühlt
300 Frischkäse, Doppelrahmstufe
45 g Zucker
10 g Vanillezucker
30 g Heidelbeeren

1. Heize als Erstes den Backofen auf 180°C Ober-/ Unterhitze vor.

2. Zerkleinere für den Boden im Mixtopf die Butterkekse 5 Sekunden/ Stufe 10 und fülle sie in eine separate Schüssel um. Schmelze die Butter im Mixtopf 3 Minuten/ 60°C/ Stufe 1 und füg den Zucker, das Mehl, das Backpulver, den Vanillezucker und die zerkleinerten Kekse hinzu. Verrühre nun alle Zutaten 2 Minuten/ Stufe 3 zu Streuseln.

3. Verteile die Streusel auf ein mit Backpapier ausgelegtes Backblech und backe die Streusel im Backofen auf mittlerer Schiene 10 Minuten/ 180°C Ober-/Unterhitze goldbraun. Lass sie anschließend gut abkühlen. Währenddessen wäschst du die Zitrone unter heißem Wasser, trocknest sie und reibst die Schale in ein Schälchen. Presse den Saft der Zitrone aus und gib ihn zu der abgeriebenen Schale.

4. Spül den Mixtopf mit kaltem Wasser aus und gieß die Sahne in den Mixtopf. Setz den Schmetterling auf die Klinge und schlag die Sahne unter Beobachtung auf Stufe 3 steif. Nimm den Schmetterling von der Klinge und füll die geschlagene Sahne in eine separate Schüssel um.

5. Als Nächstes gibst du den Frischkäse, den Zucker, den Vanillezucker, die Zitronenschale und den Zitronensaft in den Mixtopf und verrührst alle Zutaten 1 Minute/ Stufe 4. Gib jetzt auch die geschlagene Sahne hinzu und rühre sie 1 Minute/ Stufe 2 in die Frischkäsemischung ein.

6. Rühre jetzt mit dem Spatel die Heidelbeeren in die Frischkäsecreme ein. Verteile zu guter Letzt schichtweise die Streusel und die Frischkäsemischung auf die Gläser. Somit ist dein Cheesecake im Glas fertig!

1 Springform

1 h 45 Min.

leicht

SCHOKO-CREME-TORTE

Zubereitungszeit: 30 Minuten
Backzeit: 1 Stunde 15 Minuten, 200°C/125°C Ober-/Unterhitze
Backutensilien: 1 Springform, Ø 26 cm

Zutaten

Boden:

- 100 g Butterkekse
- 100 g Chococrossies
- 50 g Butter, weich
- etwas Butter für die Form
- etwas Mehl für die Form

Füllung:

- 300 g Zartbitter-Schokolade, in Stücken
- 20 g Speisestärke
- 4 EL Wasser
- 500 g Frischkäse, Doppelrahmstufe
- 500 g Magerquark
- 10 g Vanillezucker
- 100 g Zucker
- 15 g Kakaopulver, zum Backen
- 3 Eier, Größe M
- 20 g Schokoraspel zum Dekorieren

1. Als Erstes zerkleinerst du für den Boden die Butterkekse und die Chococrossies im Mixtopf 5 Sekunden/ Stufe 10 und füllst sie in eine separate Schüssel um. Gib anschließend die Butter in den Mixtopf und schmelze sie darin 2 Minuten/ 100°C/ Stufe 2. Erst wenn die Butter komplett geschmolzen ist, gibst du die Keks-Crossie-Mischung dazu und verrührst alles 10 Sekunden/ Stufe 3.

2. Fette die Form ein und bestäube sie mit Mehl. Füll die Keks-Crossie-Mischung hinein und verteile sie mit Hilfe eines Löffels zu einem gleichmäßigen Boden. Stell die Form zur Kühlung in den Kühlschrank.

3. Heize den Backofen auf 200°C Ober-/Unterhitze vor.

4. Gib als Nächstes die Schokoladenstücke in den ungereinigten Mixtopf und zerkleinere die Schokolade darin 8 Sekunden/ Stufe 8. Schmelze sie anschließend 4 Minuten/ 50°C/ Stufe 2.

5. Währenddessen verrührst du in einem Schälchen die Speisestärke mit Wasser und rührst anschließend noch 4 EL Frischkäse unter.

6. Wenn die Schokolade geschmolzen ist, gibst du den Frischkäse, den Magerquark, den Vanillezucker und den Zucker in den Mixtopf und verrührst alles 2 Minuten/ Stufe 3. Gib die Speisestärke-Frischkäse-Mischung und den Kakao dazu und verrühre alles erneut 2 Minuten/ Stufe 4. Gib währenddessen die Eier durch die Deckelöffnung dazu.

7. Gieß die Käsemischung auf den gekühlten Kuchenboden und verteile sie gleichmäßig. Backe den Kuchen dann im Backofen 15 Minuten/ 200°C Ober-/Unterhitze, reduziere die Gradzahl dann auf 125°C Ober-/Unterhitze und backe den Kuchen weitere 60 Minuten.

8. Lass den Kuchen nach Ablauf der Backzeit noch 10 Minuten im Backofen ruhen und hol ihn anschließend zum Abkühlen raus.

9. Bevor du den Kuchen servierst, bestreu ihn nach Belieben mit Schokoraspeln oder Kakaopulver.

1 Springform

3 h 5 Min.

leicht

STREET OF PHILADELPHIA – SCHOKO-FRISCHKÄSE-KUCHEN

Zubereitungszeit: 35 Minuten
Kühlzeit: 2 Stunden 30 Minuten
Backutensilien: 1 Springform, Ø 26 cm

Zutaten

Boden:

200 g Haferkekse
100 g Zartbitterkuvertüre
100 g Butter

Füllung:

200 g Zartbitterschokolade + 20 g für die Deko
300 g Doppelrahm-Frischkäse (z.B. von Philadelphia)
40 g Zucker
15 g Vanillezucker
10 g Kakaopulver
400 g Schlagsahne
1,5 Beutel Gelatine Fix

1. Zuerst zerkleinerst du die Haferkekse im Mixtopf 5 Sekunden/ Stufe 5 und füllst sie anschließend in eine Schüssel.

2. Dann zerkleinerst du die Schokolade 8 Sekunden/ Stufe 8 und lässt sie zusammen mit der Butter 5 Minuten/ 50°C/ Stufe 1 schmelzen und vermischst die Schokobutter anschließend nochmals 2 Minuten/ Stufe 2.

3. Jetzt rührst du die zerkleinerten Kekskrümel 2 Minuten/ Stufe 2 unter die Schokobutter und verteilst den krümeligen Teig in der vorbereiteten Backform. Drücke ihn fest und stell ihn für ca. 30 Minuten in den Kühlschrank.

4. Reinige in der Zwischenzeit den Mixtopf und bereite die Creme zu, indem du 150 g der Zartbitterschokolade 8 Sekunden/ Stufe 8 im Mixtopf zerkleinerst und anschließend 5 Minuten/ 50°C/ Stufe 1 schmelzen lässt.

5. Wenn die Schokolade weich ist, füge den Frischkäse, Zucker, Vanillezucker, Kakaopulver und 100 g Sahne hinzu und schlage die Masse mit Hilfe des Schmetterlings 4 Minuten/ Stufe 3,5 schaumig auf.

6. Dann gibst du Gelatine Fix hinzu und rührst das Pulver 2 Minuten/ Stufe 3 unter, bis es sich aufgelöst hat.

7. Schlage nun mit einem Standmixer die restliche Sahne steif und hebe sie unter die Schokomasse. Verteile anschließend die Creme auf dem Kekskrümelboden.

8. Wasche den Mixtopf aus und trockne ihn gut ab. Dann schmelze die restliche Schokolade wieder 5 Minuten/ 50°C/ Stufe 1, verteile sie bogenförmig auf der Creme und raspele 20 g Schokolade darüber. Stell danach die Torte für mindestens zwei Stunden kalt.

BODENLOS GLÜCKLICH

Zubereitungszeit: 25 Minuten
Ruhezeit: 60 Minuten
Backzeit: 60 Minuten, 150°C Ober-/Unterhitze
Backutensilien: 1 Springform, Ø 28 cm, feine Reibe

Zutaten

Füllung:

- 1 Pck. Vanille-Puddingpulver z.B. von Dr. Oetker
- 90 g Zucker
- 375 g Milch
- 100 g Butter
- 1 Msp. Vanillemark
- 1 Prise Salz
- 5 Eier, Größe M

Boden:

- 750 g Magerquark
- 2 Eier, Größe M
- 120 g Zucker
- 1 Pck. Vanille-Puddingpulver
- 1 Bio-Zitrone
- etwas Butter für die Form

1. Zuerst bereitest du für die Füllung einen Pudding zu. Hierfür gibst du das Puddingpulver mit dem Zucker in den Mixtopf und mischst die beiden Zutaten 10 Sekunden/ Stufe 4. Vor dem Öffnen des Deckels bitte 1 Minute warten, da das Pulver stauben könnte.

2. Jetzt füge von der Milch 6 EL zu dem Pulver hinzu und verrühre die Mischung 10 Sekunden/ Stufe 3.

3. Dann füllst du die restliche Milch in den Mixtopf und kochst den Pudding 7 Minuten/ 90°C/ Stufe 3. Rühre mit dem Spatel die Butter unter. Danach schüttest du den Pudding in eine separate Schüssel, lässt ihn kurz abkühlen und stellst ihn dann für 1 Stunde im Kühlschrank kalt.

4. In der Zwischenzeit heizt du den Backofen auf 150°C Ober-/Unterhitze vor und fettest die Springform ein. Wasch die Zitrone unter heißem Wasser, trockne sie und reibe die Schale in den Mixtopf.

5. Nun bereitest du den Boden zu. Du setzt den Schmetterling in den Mixtopf ein, gibst den Quark, die Eier, den Zucker und das Vanillepuddingpulver hinzu und vermischst alle Zutaten 5 Minuten/ Stufe 3. Anschließend füllst du den Teig in die gefettete Springform und reinigst den Mixtopf.

6. Dann setzt du den Schmetterling in den Mixtopf ein und schlägst aus dem Eiweiß und dem Salz 4 Minuten/ Stufe 4 Eischnee. Füll ihn in eine separate Schüssel und wasche den Mixtopf kurz aus.

7. Wenn der Pudding abgekühlt ist, füllst du ihn in den Mixtopf und rührst mit Hilfe des Schmetterlings die Eigelbe und das Vanillemark 3 Minuten/ Stufe 3 unter.
Anschließend hebst du mit Hilfe des Spatels den Eischnee unter die Masse und verteilst die Creme gleichmäßig auf dem Boden.

8. Jetzt backst du den Kuchen ca. 60 Minuten/ 150°C Ober-/Unterhitze im Backofen.

mixtipp

Wenn du es noch frischer magst, kannst du den Quarkboden vorher mit Früchten, z.B. Mandarinen, belegen.

WEITERE TITEL DER MIXTIPP-REIHE

AUCH ALS E-BOOK ERHÄLTLICH

MIXtipp:
Spanische Rezepte
120 Seiten,
Format: 17 x 24 cm,
Klappenbroschur,
durchgehend farbig
bebildert
ISBN: 978-3-945152-28-7,
9,99 €

MIXtipp:
Baby- und Kleinkinder-Rezepte
96 Seiten,
Format: 17 x 24 cm,
Klappenbroschur,
durchgehend farbig
bebildert
ISBN: 978-3-945152-53-9,
9,99 €

MIXtipp:
Lasst uns Grillen
120 Seiten,
Format: 17 x 24 cm,
Klappenbroschur,
durchgehend farbig
bebildert
ISBN: 978-3-945152-69-0,
9,99 €

MIXtipp:
Vegane Rezepte
112 Seiten,
Format: 17 x 24 cm,
Klappenbroschur,
durchgehend farbig
bebildert
ISBN: 978-3-945152-52-2,
9,99 €

MIXtipp:
Mediterrane Rezepte
104 Seiten,
Format: 17 x 24 cm,
Klappenbroschur,
durchgehend farbig
bebildert
ISBN: 978-3-945152-51-5,
9,99 €

MIXtipp:
Party-Rezepte
104 Seiten,
Format: 17 x 24 cm,
Klappenbroschur,
durchgehend farbig
bebildert
ISBN: 978-3-945152-50-8,
9,99 €

MIXtipp: Leichte Küche
120 Seiten,
Format: 17 x 24 cm,
Klappenbroschur,
durchgehend farbig bebildert
ISBN: 978-3-945152-70-6,
9,99 €

MIXtipp: Lieblings-marmeladen
104 Seiten,
Format: 17 x 24 cm,
Klappenbroschur,
durchgehend farbig bebildert
ISBN: 978-3-945152-72-0,
9,99 €

MIXtipp: Lieblings-Suppen
112 Seiten,
Format: 17 x 24 cm,
Klappenbroschur,
durchgehend farbig bebildert
ISBN: 978-3-945152-73-7,
9,99 €

MIXtipp: Wildgerichte
128 Seiten,
Format: 17 x 24 cm,
Klappenbroschur,
durchgehend farbig bebildert,
ISBN: 978-3-945152-74-4,
9,99 €

MIXtipp: Lieblingsrezepte zu Weihnachten
120 Seiten,
Format: 17 x 24 cm,
Klappenbroschur,
durchgehend farbig bebildert
ISBN: 978-3-945152-75-1,
9,99 €

MIXtipp: Basische Rezepte
120 Seiten,
Format: 17 x 24 cm,
Klappenbroschur,
durchgehend farbig bebildert,
ISBN: 978-3-945152-21-8,
9,99 €